望月南都美

CCCメディアハウス

はじめに

「外国で暮らすのは今回が初めてです。日本生まれで日本育ちですが、この2年のうちに英検®準1級を取りたいです。どうしたらいいですか」

２００８年、ロンドンにある日本人を対象にした英語塾で働き始めた私に殺到したのが、この質問です。

このときに先輩講師から言われたのは、「親御さんのイギリス赴任中、子どもたちにバイリンガル人材の最低ラインとされている英検準1級を取得させることが、私たちの使命。カリキュラムに沿って、小学校高学年生が1、2年頑張れば取れる」ということでした。


「小学生に英検準1級が取れるの？」と半信半疑でしたが、合格する生徒たちを目の当たりにして、「まさか本当に小学生が合格するとは」と驚くことになります。

首都圏私立中学校の帰国生英語試験も、準1級レベルを指標にできていること、またネイティブの小学校高学年生のレベルが準1級であることを、先輩からの教えと教材研究で知りました。

英語が苦手な子、教えなくても英語が得意になる子、日本語のほうがもちろん得意だけれど英語が好きな子……多くのお子さんたちと一緒に英語を学んできました。

あれから15年。英語を教え続け、多くの生徒たちが成功する姿を目にするたび、先輩講師の言う通りだったことを実感しています。

ほとんどの方は、大学生レベルとされている英検準1級に挑戦しようとは思わないのではないでしょうか。私もそうでした。

しかし、留学先では準1級レベルの英語の4技能「読む」「聞く」「話す」「書く」が必要になることは事実です。アメリカンドリームを掲げた私の人生では、事あるごとに準1級が関門として立ちはだかりました。

2004年、準1級があれば日本の有名私立大学の英語試験が免除されることを知りました。2005年、留学先のネブラスカ州で準1級相当の英語力があれば、ESL（英語力を補足するために履習する科目）を受講することなく、ネイティブに混ざって学部の授業にすぐ入れることを知りました。それから20年たったいまでも、現状は変わりません。

準1級取得のための効力、それは相当数のインプットとアウトプットで育まれるもの。一朝一夕では突破できませんが、1、2年の対策で小学校高学年生の誰もが合格できる試験です。そして、スタート時期が早ければ早いほど、習得は早くなります。

本書で述べている効率的な英語学習の流れを知るまでに、私は22年かかりました。お子さんに、英語ができないことで選択肢を狭めさせたくない、海外でさまざまなことにチャレンジしてもらいたい、仕事をするときに英語が使えるようになっていてほしい……など願う親御さんは多いのではないでしょうか。そう願うのであれば、いまからお子さんが英語にふれられる環境作りを始めてほしいと思います。

親御さんが英語を話せなくても、海外に行ったことがなくても、問題ありません。お子さんがこれから3000時間英語を見聞きすれば、必ず英語が聞こえる、話せる、読める、行きたい学校に行くことができます。また、「やってよかったね」と思える大きな成長にもつながります。今日から、ぜひ始めてみてください。

もくじ

第2章

英語学習は英検®をベースに考えよう

第3章

まずは「英語耳」を作ろう

第4章

英検®準2級を目指そう

第5章　英検®2級を目指そう

第6章 英検®準1級を目指そう

第1章

英語は小学生から始めよう

英語を学ぶその前に

英語学習において大切なことは、親がどのような信念で子どもに向き合い、計画を立てるか。これに尽きます。

「小学生の間に英検®準1級を」と伝えても、「そんなこと、うちの子にできるわけがない」と否定される方が、とても多いのです。そして、「同じクラスの○○ちゃんは、うちの子とは出来が違うから」など、すぐに他人と比べようとしてしまいます。

お子さんの可能性を親が否定し、他人と比較してしまうと、育つ能力も育たなくなってしまう。これは本当にもったいないことです。

この英語学習方法がいい、これが子どもに合っていると思ったら、選んだ方法を信じてコツコツ続けてみてください。

英語を上達させるために必要なのは、基本文法×3000時間のインプット（知

識）×アウトプット（実践）です。英語環境を整えてたくさん視聴し、英会話の時間を確保して外国人と実際に話すこと。そのために、まずは英語の多聴と多観で、英語耳と英会話力をつけることから始めましょう。

私はロンドンで帰国子女となる日本人向けの英語塾に勤め（２００８～２０１２年）、帰国後は東京の英語塾で（２０１３～２０２１年）、現在はロサンゼルスでオンラインを通じて英語を教えている（２０２２年～）経験から、多聴と多観がどれだけ子どもたちの英語力を高めるかを目の当たりにしてきました。

毎日の多聴と多観に加え、積極的に英語キャンプや国内ホームステイなどの機会を作り、外国の人とふれあうようにしていけば、自然と多様性やグローバルな思考になじみ、英語に興味を持つことができるようになります。

もし、そのときに「どうしてもいやだ！」とお子さんが言ったら、いまはそのタイミングではないので、少し休んで様子を見ることをおすすめします。無理やりやらせて「だから英語は嫌い！」とならないようにすることも、大切なことです。

英語習得に必要な時間は？

英語で考え、即座に英語で返答できるようになるには、約3000時間かかるといわれています。その内訳は、基礎力に2000時間、応用力に1000時間です。

ロンドンの英語塾で帰国子女枠の子どもたちに英語を教えていたとき、彼らが1年で準1級レベルを取得できる理由がわかりました。それは、毎日学校で過ごす約8時間×365日＝約2920時間、英語で聞いて見て過ごしているからです。

一方、日本の小学校から高校までの英語学習時間は、約1500時間。つまり、3000時間確保するためには、あと1500時間を自分たちでどうにかする必要があります。しかし、日本の小中学校で単語と文法を学ぶだけでは、聞いて話すことが十分にできません。これには、英語の持つ音素数の多さが大きく関連しています。

音素とは、意味の違いに関わる最小の音声的な単位のことです。英語の音素が約1

８００音なのに対し、日本語の音素は約１００音。つまり、幼いころから日本語しか視聴していない場合、英語音の中には判別できないものもあるということです。

そのため、**まずは日本語にない音を聞くことができるように、英語耳を作る時間を確保します**。このとき、🍎＝appleというように、イラストと英語だけで学習し、日本語を介さないこと。そして、実際にネイティブの音を聞いて発音することが大切になります。

英会話教室に通うことにした、としましょう。

週1回1時間、ネイティブの講師からマンツーマンのレッスンを受け、1時間程度で終わる演習問題が宿題として出された場合、1週間で約2時間、年間では約１００時間。そうなると、１５００時間を確保するには、約15年かかることになります。

もし、お子さんが6歳のときに始めたとすると、英語の習得時間を達成できるのは21歳。1週間に2時間程度の学習では、時間がかかりすぎてしまいます。

けれど、毎日30分取り組んだ場合は、1年で約１８２時間、１５００時間を確保するのに約8年。もし毎日1時間取り組んだとしたら、1年で３６５時間。約4年で1

500時間を埋められることになります。

本書でおすすめする学習方法は、**日常生活の中で毎日2~3時間、自然に英語とふれあう**ことを目安としています。

1年目は、1000時間かけて準2級に合格。次の2~3年目で、さらに1000時間を積み重ねて2級に合格。3~4年目にまた1000時間を重ねて、準1級に合格することを目指しています。

とはいえ、小学生の場合、毎日2~3時間英語にふれるのは、かなりハードルが高いことは事実です。そのため、各級の取得に2年かけると考えれば、**1日1時間でも、十分な学習時間**となります。

このくらいのペースで英語力を伸ばすことができると、お子さん自身も自分の英語力が伸びていることを実感できるので、モチベーションアップにもつながります。

逆に、あまりにのんびりしたペースで目標なく学習を進めると、成長の実感がわからず、途中で挫折してしまうことになりがちです。

ただ、最初から「4年もかかるの？」と思うと、親御さんのモチベーションが下がることもあると思います。でも、ご安心ください。ずっと親がサポートする必要はありません。

最初の1か月、3か月、長くても半年くらいまでは、英語環境を作るため、親の努力が必要になります。ですが、子どもに「英語は楽しい！」「なんだか英語がわかるようになってきた！」という実感がわいてくれば、放っておいても自分から英語を聞いたり、読んだりするようになります。

そのために**大切なのは、「英語で何を言っているかわかる耳を作ること」**です。

3日→1週間→1か月→3か月→半年というスパンで子どものやる気を引き出し、ほめて伸ばしながら「英語は楽しい！」「自分でもできる！」という気持ちになっていくことを目指しましょう。

子どもに無理をさせない

まずは毎日30分〜1時間、英語を聞く環境を作りましょう。YouTubeや洋画などのさまざまな動画を観て、英語に慣れていきます。中でも「CoComelon（ココメロン）」は韻を踏んだ英語の歌がたくさん出てくるので、比較的聞きやすいと思います。

2023年現在、アメリカで一番人気の「ココメロン」は、赤ちゃんや幼児など多くの子どもが視聴しています。日本人が英語を学ぶ場合も、赤ちゃんの英語学習法から勉強するのが近道です。

よく「どんな番組がおすすめですか？」と聞かれますが、まずはネイティブ園児に人気があるチャンネルを見せましょう。特に興味を示さなければ、好きなチャンネルを選ばせます。親から「これを見てみたら」と言われても、好きでなければいずれ見なくなります。導入時は、**まずは好きな短編動画を見せてあげてください**。

ミッキーマウスや乗り物が好きなら関連の動画を、料理が好きなら子ども向けの料理動画がおすすめです。

"Fruits for kids" "Fish for kids" "Dinosaurs for kids" "Space for kids"のように検索して、果物や魚、恐竜、宇宙などについてのキッズ向け英語番組を見せたり、人気アニメ番組の英語版のほか、スタジオジブリの作品や『ベイマックス』など日本と絡めた作品を英語で流したりするのもよいでしょう。

大切なのは、日本語解説や字幕を付けず、初級英語だけを聞き流すこと。そのときに、英語の字幕も見せます。子どもが話し始めるようになるためには、**同じ音を意識的かつ無意識的に聞き、生活になじませる必要があります。**

英語と同時に体を動かすことも、おすすめです。サッカーやヨガ、ストレッチなどを英語でやってみると、英語がスムーズに入りやすいのです。体を動かすのが好きなお子さんの場合は、ぜひキッズスポーツの英語動画を試してみてください。

日本語と異なり、英語は韻などのリズムが非常に重要な言語です。大人も一緒になって楽しみながら歌うと、次第に耳が慣れていきます。

何歳から始めても十分間に合う

「うちの子は小学生。もう手遅れなの？」と心配する親御さんもいらっしゃると思います。けれど、始めるのに遅すぎることはありません。お子さんが小学生でも、心配しないでください。

低学年であれば、幼児期と同じ学習方法で問題ありません。中学年になると論理的な思考が育つので、ただ聞く、見るよりも、読み方や文の成り立ちを教えることもあわせて行うと、スムーズに理解していきます。

私が教えている生徒さんの中には、小学校の中学年から英語を始めるお子さんもたくさんいます。最初は慣れない英語に戸惑う子が多いのですが、本書で紹介しているやり方で進めていくと、ほとんどのお子さんが意欲的に英語を学習し始めます。

一方、高学年になると、幼児期の方法には難色を示すお子さんが多いかもしれません。けれど、**何歳から学習を始めるのであっても、最初は「ココメロン」のような音**

遊びを聞き続けることをおすすめします。音と映像で繰り返し耳に音を残し、基礎力を磨くことが、のちの飛躍につながるからです。

小学校では英語の授業が始まっていますが、お子さんは楽しんで学習しているでしょうか。それとも、英語に対して苦手意識を持っているでしょうか。

楽しんでいるのなら、学校の授業をベースにプラスαで英語にふれる「多読・多観」を実践していきましょう。なかなか耳が慣れなくても、繰り返し興味がある内容を聞くことで、少しずつ慣れていきます。毎日時間を決めて、焦らずに進めましょう。

一方、苦手意識を持っている場合は、とにかく「聞く」「話す」という力が必要になります。ぜひ「ココメロン」から始めてみてください。

幼児向けの英語動画に興味を示さない場合は、子ども向けのアニメやスポーツ、料理番組など、お子さんが興味を持つような内容を探してあげてください。

同時に、『ドラえもんはじめての英会話辞典』（小学館）などを用意して、興味がある英語は自分で調べられるようにします。動画を見ながらゲーム感覚でフレーズを聞き、それを真似して一緒に歌ったり、発音したりしながら、身につけていきましょう。

英語にふれる環境を作ろう

英語学習を続ける秘訣は、英語環境を家庭内で整えて日本語のエンタメ時間をぐっと減らすこと。やる気が出ない日でも、英語が自然と目や耳に入ってくるような環境を作っておくことが大切です。英語にふれる時間を日々カウントし、「英語時間バンク」に貯めていきます。

「英語時間バンク」とは、毎日何時間英語にふれたかをカウントするもの。だいたいでかまわないので、「今日は○時間」とメモ書きを残すなどして、細く長く続けていくことを意識してください。

それでも、ある程度の年齢になると、英語の番組を見ている途中で「もう、英語はわからないからいや。日本語で見たい」と、子どもに言われることがあります。だからこそ、まだ親の言うことを素直に聞く小学校低学年生や、生まれてすぐから英語学習の習慣づけをすることが大事です。

けれど、中学年生以降でも（もちろん大人でも）次のような環境を作ることで、いくらでも英語の力を伸ばすことができます。

まずは、英語の文字が子どもの目に入るようにします。**部屋や浴室にアルファベットシートや世界地図を貼ったり、冷蔵庫に野菜や果物の英語のポスターを貼ったりしてもよいでしょう。**

また、「英語で歯磨き粉ってなんて言うのかな？」と子どもに聞いて、一緒に調べてみるのもおすすめです。石鹸（soap）、歯ブラシ（toothbrush）など単語を書いて貼ってもいいですね。子どもの好奇心をくすぐるような質問をして、自ら辞書やインターネットを使って確認するという自主性も育てましょう。

一番大変なのは、最初の100時間を「英語時間バンク」に貯めること。最初の1か月が肝心です。100時間までなんとかできたら、今度は1000時間を目標に、コツコツと貯めていきましょう。

英語で数を数えた時間も、浴室の世界地図を見て国名を英語で言った時間も、車内で英語の歌を口ずさんだ時間も、すべてカウントに入れてください。

子どもが英語に興味を持たないときには

子どもが英語を嫌がったときのおすすめは、**『ドラえもんはじめての英会話辞典』と『ドラえもんはじめての英語図鑑』（小学館）**。イラストが多いので抵抗感も少なく、またタッチペンで英語の音が聞けるので、楽しく30分が過ぎます。こちらは園児から楽しめます。目に入る場所に、常に置いておきましょう。

もし、お子さんのやる気がなかなか出ない場合、「お母さんも一緒に英検やってみようかな。どっちが先に合格できるか競争しない？」と言って競争をするのもおすすめです。また、「ココメロン」の動画を流し続け、耳にキャッチーな英語の発音を記憶させるのもいいと思います。

そのうえで、さりげなくテーブルの上にお子さんが好きそうな英語の本を置いたり、英語の曲をBGMとして流したりしてもよいでしょう。あの手この手で、家の中のどこに行っても英語に出会う環境作りをしておきましょう。

また、ハリウッドの俳優や歌手に興味を持つようなら、「同じ俳優でも、英語ができると世界的に有名になれる可能性があるよ。海外で活動できると、より広く影響力を持つから、お金持ちになることもあるし、可能性が広がるよ」などと語りかけ、世界に目を向けさせるのもおすすめです。

そのほか、最近の小学生は経済観念がしっかりしているので「英語ができると、できないよりも時給が1000円高くなるよ」などと話して、やる気に火をつけてもよいでしょう。

一方で、「これを読みなさい」「これを聞きなさい」と言うのは、逆効果です。

それよりも、「お母さん、ちょっと英語でやってみたくて」と、英語のヨガ動画を見ながら体を動かすなど、親自身が英語にふれている姿をさりげなく見せていく方法がおすすめです。

これを続けていると、自然と子どもたちも親が好きなものに興味を示し、英語に興味を持つようになることが多いのです。

子どものタイプに合わせた学習方法

私がロンドンの英語塾で教えてきた帰国子女枠の子どもたちは、3つのタイプに分かれました。これは、日本育ちの子どもたちにも共通します。

①英語が大好きな子

英語に順応していて、抵抗がない子どもです。

小学校4、5年生で準1級合格のレベルに到達している子どもは、集中力と追究心が旺盛でかなり読書もします。そのため、『英検準1級 文で覚える単熟語』(旺文社)を渡し、英作文の指導をすると、自力で準1級に合格することができました。

このタイプの子は、英語で論理的思考を伸ばしていく力を持っています。語学センスがあるので、第3言語も習得するタイプです。

②英語が得意ではないけれど抵抗がない子

幼少期に英語環境を作ってあげることができれば、こういう子どもが約6～7割を占めると思います。

海外で生活をしている場合は英語の基礎力（聴力・話力）があるため、学習方法を教えると、多くの子どもが小学校4年生までに、2級に合格していました。①のタイプの子どもは稀ですが、この②のタイプの子どもは数多くいます。

英語にふれる時間とネイティブスピーカーを真似て英語を話した時間に比例して、英語力は伸びていきます。2級までは会話英語が多いため、幼児期から英語に習慣的にふれている子たちは、作文の練習をすれば、すんなりと2級に合格することができます。

そして、準1級を目指すときに2級単語の総復習をすれば、多くのお子さんが準1級にもスムーズに合格することができます。

③もともと英語が苦手な子

帰国子女の中でも、英語が苦手という子どももはいます。そういう場合、帰国子女枠の試験に英語がない中学校を選んだり、あえて「英語は苦手だ」ということを受け入れ、そのほかの科目で点数を取れるようにしたりしていました。

こういうタイプの子どもたちは、英語以外で実力を発揮するので、無理強いはしません。ただ、準2級を持っていると、英語が読めて書けることを示せますので、英検を受けるメリットは伝え続けていました。

このタイプの子たちは、基本的にシャイな子が多く、人前で話すのが苦手だったり、英語を口にすることに抵抗があったりする傾向があります。そこで、あえて「一人でやってみようね」と促し、独学で無理なく時間をかけて取り組むというやり方をすすめています。

このようにして、お子さん自身がどのタイプにあたるかを知り、そこに合わせた英語学習スケジュールを立てることが、とても大切です。

第2章

英語学習は英検®をベースに考えよう

英検®が英語力の目安になる

英語学習を効果的に進めるために、まずは目標とする英語の資格を把握しましょう。

英語の資格には、実用英語技能検定（以下、英検®）、TOEIC、TOEFLなどがありますが、私は英検をおすすめします。というのも、英検は段階別に学習でき、中学校や高校、大学受験にも効力があるからです。

英検は「読む」「聞く」「話す」「書く」という4技能の力を見る、公益財団法人 日本英語検定協会が実施する英語の語学検定で、取得した級数はTOEICやTOEFLのスコアに換算できます。

さらに、取得した級に応じて中学校、高校、大学などの合格判定で優先されたり、内申点に加算されたりという優遇措置があります。そのほかのメリットとしては、英検は生涯を通して使える資格という点です（TOEICやTOEFLのスコアの有効期限は2年間）。

準1級を持っていると、英語の筆記試験を免除してくれる学校があります。また、日本育ちの子どもが受験する場合でも、中学校によっては優遇されることがあります（大学受験でも優遇されます）。

このほか、海外の大学など200校もの提携校に留学する際にも、スムーズに進むことができます。もちろん2級でも進めますが、その場合はESLなどの授業を受ける必要があり、費用もかかります。そのため、幅広く優位に活用できる英語社会への登竜門として、準1級の取得をおすすめします。

準1級は、米英の現実社会で実用的に使う英単語のオンパレードです。準1級を取得してから留学する場合とそうでない場合では、その後の生活にかなりの差が出ます。**生涯有効で、着実に英語力が身につく英検から始めることが、英語上達の早道**となります。

準1級は特別な子のものではない

言語習得能力が高い幼児や小学生という時期は、いましかありません。

そのタイミングで英語を日常的に聞かせたり、見せたりして耳に音を慣らしていくだけで、その後の勉強への意欲や教育費のかかり方が変わってきます。というのも、英検受験に向けた学習を通じて、多くを与えなくても自主的に物事を学ぶ姿勢が身につくからです。


なぜ私が、「小学生の間に英検準1級合格」にこだわるかというと、私自身が大学時代に留学した際、大変な思いをしたからです。

半年間、みんなが話している英語が聞き取れず、まるでその場にいないゴーストのような気分になっていました。留学先で周りの人は優しく接してくれましたが、感謝の表現も十分にできず、もどかしさや悔しさをバネに毎日英語と向き合いました。

ところが、幼少期に英語を十分見聞きしていたドミニカ人と日系フィリピン人の留学生は、学部の授業を受講できる会話力とリスニング力を持ち合わせていたため、私より半年早く学部の授業をネイティブたちと共に受講し、留学先での時間をフル活用していました。

私も英語を幼少期からたくさん見聞きしていれば、この英語学校に親が支払ってくれたお金や時間をより活用できたのに……と悔しい思いをしました。

いまは、YouTubeが充実している時代です。**十分インプットし、検索力さえつければ、小学生であっても独学に加えて、ネイティブと交流するアクティビティ（オンライン英会話や英語のみのキャンプなど）を実践することで準1級を目指せます。**なぜなら準1級の英語力は、議論が得意なネイティブの小学校6年生レベルだからです。

この壁に立ち向かって乗り越えていく小学生たちを、実際に数多く見てきました。海外で暮らしたことがなくても、英語時間バンクにしっかり3000時間貯め、生きた英語にふれれば、小学生でも準1級は十分に目指せます。

時事内容が豊富な準1級は、受験にも役立つ

英検の面接は、中学受験や高校受験への対策にもなるので、小学生のうちから受験することをおすすめします。そのうえ、英検は「読む」「聞く」「話す」「書く」という4技能を平等に見るテストで、内容が日本の時事問題に即しており、対策が立てやすいというメリットもあります。

英検の問題は小学生にもわかる学術的な問題、たとえば学校の授業でも扱っているサステナビリティや貧困問題など、大変よく作られています。もともと日本語で頭に入っている事柄（トピック）を英語で客観的に書かれた内容として読むことで、英単語が知識として蓄積されます。

小学校3、4年生までに耳を慣らして英検学習を始め、英語に抵抗なくたくさん聞くことで、「英語耳」を作りましょう。そうすれば、小学校5、6年生で準1級に十分合格することができます。

言語学習において大切なのは、まずその言語を聞き取れる耳を作ることです。

小学校低学年生のうちに準2級以上を取得している生徒たちは、リスニングと作文で高得点を取っています。語彙問題やリーディングに比べ、**リスニング力は生活の中で英語にふれる時間数に比例して、点数が伸びやすい**からです。つまり、リスニングの力をつければ、英検の突破口は開かれるというわけです。

学校英語とは異なる英語の多聴・多読を独学で進めることが、実用的な英語を上達させるのに一番効果的です。

本書では、学校とはまったく違うアプローチで、日本育ちの子どもでも、本当に使える英語が習得できるカリキュラムを第3章から詳しく紹介していきます。

合格に必要な英単語数は、意外と少ない？

意外と知られていませんが、準1級の合格に必要な英単語数は、それほど多くありません。

私たちは日本人として生まれたときから日本語をシャワーのように浴び、さまざまな単語を毎日の生活の中で覚えてきました。よく、「世界の中でも日本語のレベルは高い」といわれていますが、実際はどのくらいのレベルなのでしょうか。

日本の場合、小学生の時点で、すでに5000～2万語の単語が国語の教材に出てきます。日本は国語を大事に取り扱っているので、日本語の読み書きにはかなりの時間が費やされています。諸説ありますが、大人ではだいたい5万語くらいの語彙があるといわれているようです。

では、英語で5000～2万語の単語がわかるといったら、どのくらいのレベルになるのでしょうか。

英検では必要とされる語彙数の目安は明記されていませんが、文部科学省の中学校学習指導要領外国語編（2017年）によると、小学生で600〜700語程度、中学校で1600〜1800語程度、高等学校で1800〜2500語程度が学ぶべき語彙数とされています。

つまり、高等学校で5000語くらいになるということです。英検が公表している各級の目安を見ると、高等学校卒業程度が2級に該当します。なお、大学中級程度が準1級に該当しますが、語彙数は8000語前後と考えられます。

じつは英語圏の大人でも、語彙は2万語くらいしか持っていないのです。英語は、実用的で効率のよい言語です。それが世界の共通言語になっていて、しかも母国語の日本語よりも語彙数が少なく習得できるとしたら、少し気持ちが楽になりませんか。

文法よりもまずは「語彙力」をつけよう

英検の場合、準2級以上は文法よりも、リスニング、作文、リーディングなどのスキルが重視されます。

ところが、日本の英語の授業では、単語テストと文法に力を注ぐあまり、英検で必要な頻出トピックや関連単語など、生きた英語を学ぶところまで至っていないように感じます。日本の学校の英語教育だけでは頭に入る単語が少なすぎて、英語の小説を1冊読むことすらできません。

日本の学校の英語の授業でふれる内容ももちろん大事ですが、語彙力を補足するために、YouTubeから生きた英語を取り入れましょう。

日本人はすでに、2000語程度の英単語をカタカナ語から知っているといわれています。英語圏で生まれ育った子どもは、5歳までに500~1000単語を音で理解し、そこから少しずつ習得して、準2級で必要となる5000語まで語彙を増やしていきます。


語彙を増やすには、第1章でもお伝えしましたが、次のような方法がおすすめです。

たとえば洗面台に"toothbrush"という紙を貼っておき、歯磨きしながら「歯ブラシはtoothbrushだよね」などと確認します。

また、「トイレに行くって、英語でなんていうんだろう?」と疑問がわいたら、それをYouTubeなどで"toilet""restroom""bathroom""toilet go"などと検索して調べ、英語ではどのように説明するのかを動画で見ます。

このように、**英単語を日常生活に溶け込ませると、覚えやすくなります**。

このほか、"toothbrush how to"と検索すると、約2分間の歯磨きの動画がヒットします。体を動かしながら学ぶのが一番身につくので、それらを見ながら歯磨きしてもよいでしょう。

「語彙力」と同時に「リスニング力」も高める

語彙を増やしながら、リスニング力をつけるという一石二鳥の方法があります。

たとえば、料理が好きなお子さんには、レシピ動画がおすすめです。「今日は英語でレシピを聞いて、一緒に作ってみよう」と提案してみてください。

「やる」と答えたら、YouTubeで"kids cooking"を検索します。すると、たくさんのレシピ動画が上がってきますので、その中からお子さんが好きなものを視聴してみてください。最初は視聴だけして、2回目は動画を見ながら実際に作ってみると、より一層英単語と発音が頭の中に浸透していきます。

キッズ用の動画は視覚的に訴える作りになっていることが多いので、「フライパンはpanというんだ」「お皿はdishというのか」「コップじゃなくてカップ、グラスの発音はラが強めなのね」などの気づきとともに覚えられます。

"kids book read aloud YouTude"で検索すると、外国人の子どもが英語で絵本を読んでくれるシリーズなどもあります。それらの中から本人が好きなものを選び、視聴するのもおすすめです。各単語の意味をそのまま和訳して覚えるのではなく、文脈把握や感情を絡めて英語字幕と音に集中して視聴すると、頻出単語も定着しやすくなります。

また、眠れない夜にはYouTubeで「lullaby（子守歌）」と入れると、たくさんの英語の動画が上がってきます。そういう歌を聞きながら眠りについてもよいでしょう。「Twinkle Twinkle Little Star（きらきら星）」など、なじみのあるものから試してみてください。

なお、**寝ている間に英語を流し続けていると、英語音が潜在意識に定着する**といわれています。"Learn while you sleep"で検索すると、8時間かけ流せるものもあるので、英語にあまりふれることができなかった日はかけ流して寝て、英語時間バンクに時間数を計上しましょう。音が拾えなくても、英語音を聞き流すことが大切です。

また、字幕が出てこないYouTubeもありますが、音が聞き取れるまでは字幕付きを優先的に視聴し、英語音と単語を目で追って確認しましょう。

最初の半年から1年は誰しもすべての音を聞き取るのは難しいので、気にせず英語時間バンクに英語にふれた時間を貯めていきましょう。継続は力なりで、**字幕を目で追って真似て発音していくと、いずれ聞こえるようになります**。ただし、汚い英語を使うチャンネルは、学習に効果がないので避けてください。

第3章

まずは「英語耳」を作ろう

英語量の増やし方

　ここからは、実際にどのようにして英語力を上げていくか、第1章でお話しした基本文法×3000時間のインプット（知識）×アウトプット（実践）について、詳しくお伝えしていきます。これまで英語にふれたことがない子どもも実践できる、指標となるカリキュラムです。ここでは準2級受験をアウトプットと設定します。

目指す大きなゴール

・スタートから半年後に、準2級にチャレンジできる土台を固める。

目指す途中のゴール

・英語時間を半年間、1年間コツコツ貯める。
・英単語をつなぎあわせて、絵本のあらすじが説明できるようになる。

これから行うこと

①1～2か月間、ココメロンやフォニックス等の多聴を繰り返して、英語耳を作る。
②ワークブックを利用しながら、アルファベット26字を習得する。
③サイトワードを視聴し、フラッシュカードを利用しながら、英語の音や表現を真似る（いろいろな表現を聞いて、やさしいものから「真似して言う」を繰り返す）。
④「ゼロから基礎英語５００時間視聴プログラム YouTube 検索ワード集」（74～80ページ参照）を利用し、2周視聴。
⑤『ドラえもんはじめての英語辞典』の音読、内容の把握。

毎日英語にふれる時間の目安

2～3時間、英語にふれることを目指します。

このようにお伝えすると、「え、そんなに⁉」と驚かれる親御さんが多いのですが、朝起きたときに流すココメロンで30分、学校から帰ってきたあと、おやつを食べながらココメロンを30～60分耳にする。お風呂の前に30分、寝る前に30分などこま切れにすれば、意外と簡単に英語とふれあう時間を作ることができます。

ココメロン一色の環境にして、朝は歯磨き、朝食の歌、夜は歯磨き、お風呂の歌、寝る前は「Twinkle Twinkle Little star」など、場面に合わせて流しましょう。ココメロンはアメリカの子育てファミリーが利用しているメジャーチャンネルのため、保育園初日や通学バスの歌など、各場面に合わせた明るい音楽が揃っています。

このようにして英語時間バンクに英語時間を貯めていけば、1日2時間では2時間×30日×12か月＝年間720時間、1日3時間では3時間×30日×12か月＝年間1080時間という英語時間が貯まることになります。

それでも実践するのが難しい場合、**まずは1日1時間を目標にしましょう**。

1日1時間では、1時間×30日×12か月＝年間360時間になります。30分〜1時間から始めたとしても、続けていくうちに子ども自身が「英語って面白い！」と感じ、英語にふれる時間が次第に長くなっていくことも多いのです。

まずは、始めましょう！

動画の見方

・やさしいものを、数多く見る。
・ネイティブが見る教育英語動画を、シャワーのように浴びる。
・2〜3分の動画を見ては反復、復唱。集中力が続く、シリーズ化されているものを選ぶ。

動画を見るときの注意点

・音に集中する。**英語字幕を出す。**
・**フレーズを一緒に言う。語呂遊びのように覚えると効果的なので、独り言でOK。**
・視聴して難しいと感じたら、見るのをやめてよりやさしい内容に戻る（アニメをはじめとした多くのネイティブ向け動画は、すでに準1級レベル）。

何歳から始めるにしても、視聴数の多い短編動画を選択して、毎日コツコツ英語時間を貯めていきます。まずは500時間を目標に、気長に貯めていきましょう。

ステージゼロ

基本の7グッズをそろえよう

世の中には多くの英語教材があふれていますが、「この教材を使えば英語が話せるようになる！」という魔法のような教材はありません。**読書、視聴、作文など、あらゆる方向からのアプローチが必要です。**とはいえ、「何を使えばいいかわからない」という気持ちもよくわかります。

そこで、私が使いやすいと考える7つのグッズをご紹介します。お子さんが興味を持つものを、一緒に選んでください。

①アルファベットで書かれたポスター（世界地図や果物、アルファベット、数字）
②パソコンやスマートフォンなど、英単語の音とイメージ検索（入力したキーワード

に関連したインターネット上の画像を表示するシステム）ができる媒体

③英語音声のＣＤ、洋画（絵本などで、内容がやさしいもの）

④付箋（覚えたい単語を部屋中に貼って覚えるために）

⑤「ゼロから基礎英語５００時間視聴プログラム YouTube検索ワード集」

⑥英語辞典（『ドラえもんはじめての英語辞典』やPicture Dictionaryなど）

⑦単語カード（フォニックスやフラッシュカード、サイトワードカードなど、絵と単語が描いてあるもの）

視聴だけで年間１０００時間を確保することは、なかなか難しいと思います。そのため、**基本7グッズを日常生活の中でフルに活用して、「英語が当たり前の生活」を意識しましょう**。

基本英語を音とともに再復習するため、『ドラえもんはじめての英語辞典』は2回音読しましょう。というのも、英語音は日本語音とかなり異なります。そのため、音をよく聞いて、シャドーイング（真似して言うこと）することで、しっかりと耳に定着させることを意識してください。

ステージ1（1〜3か月）

インプット――生活に英語をなじませよう

「英語をたくさん聞かせよう」と思っても、「何を聞かせたらいい？」と迷う人も少なくないと思います。

繰り返しになりますが、まずはココメロンの動画視聴からスタートします。視聴に慣れてきたら、『おさるのジョージ』や『ミッフィー』など、なじみのあるキャラクターもののアニメで挨拶や言い回しに注目しながら流し聞きをしましょう。その時間も、英語時間バンクに計上します。

このほか、週末や平日夜など、定期的に洋画を視聴すれば、効率よく英語時間バンクに200時間が貯められます。たとえば、『赤毛のアン』『アラジン』『シンデレラ』『トイ・ストーリー』『パディントン』『美女と野獣』『メリー・ポピンズ』『モンスターズ・インク』『ライオン・キング』など、アニメや実写版を視聴するだけで、かなりの時間を貯めることができるのです。

また、『アニー』『オズの魔法使』『サウンド・オブ・ミュージック』など、ミュージカル映画を観るのもおすすめです。

ミュージカル映画は、①ストーリーがシンプルでわかりやすい、②歌でストーリーが耳に残る、③歌を一緒に歌って覚えられる、といった特徴があります。自然な英語表現を目でも学ぶことができるため、必ず英語字幕を付けてください。

長時間テレビを見せることに抵抗を感じる場合は、音だけ聞きましょう。同じもののループ再生は、フレーズを覚えるので効果的です。

【1か月目】YouTubeを多聴し、真似て発音。アルファベットを覚える

聞いて耳慣らしをすることから始めます。音として聞き取れて、真似して言える速度のものを流し聞きし、慣れてきたら真似て発音しましょう。間違っていても気にしないで、どんどん発することが大事です。

同時に、アルファベットを書く練習もしましょう。ひらがなを覚えることと同じ要

領で、**書いて覚えるのが一番早いです**。

YouTubeでコツコツ視聴

どのYouTubeを聞かせるのがよいのか迷ったときは、章末の「ゼロから基礎英語500時間視聴プログラム YouTube検索ワード集」を参考にしてください。このリストを使ってコツコツ英語時間を貯めると、次第に英語耳を作ることができます。

進め方は、次の通りです。

①検索して出てきた中から、視聴数の多いものを優先的に視聴。
②字幕付きでシャドーイング。
③リピート視聴で、英語時間を貯める。

同じ内容で十分なので、毎日繰り返し聞いて、真似て、発音しましょう。

ネイティブの1～6歳が楽しむこれらYouTubeの動画は、英単語や英語音をやさしく耳に残してくれるため、英語耳の形成に役立ちます。合わない場合は、ネイティブ用の幼児英語のページにあるものをたくさん聞かせてあげるとよいでしょう。YouTubeで"Kids English"と検索すると、たくさん出てきます。

繰り返しになりますが、選ぶときは、視聴数の多いものから視聴しましょう。

「Dragon Ball」「My Neighbor Totoro」など、子どもたちが好きな人気アニメはほとんど英語版が出ています。子どもは、好きなものは英語版でも興味を持って見る傾向があるので、英語版を購入して流し続けるのもよいでしょう。

購入する数は、たくさんある必要はありません。**お気に入りの数枚を何度も見せて、フレーズを耳に残すよう集中してください。**子どもは、集中して動画を見る傾向があります。遮らずに没頭する時間を設けましょう。

夕食時や就寝時にはリラックスできる英語の音楽や絵本を、朝は朝食を食べながらテンションの上がる英語の曲を親子で聞くなど、日々の生活習慣に組み込むことで、確実に英語時間を確保することができます。

「フォニックス」で英語の正しい発音にふれよう

「フォニックス」は、英語学習でよく使われる学習方法の一つです。

これは英語の「つづり」と「発音」の間にある法則を学ぶことで、英語の正しい読み方を簡単にマスターすることができるとされています。たとえば、「b」を「ビー」だけではなくて「ブ」とも読む、というように、英語を音で教えていく方法です。

学習方法としては、"phonics for kindergarten"で検索してヒットするものを視聴します。

難しく聞こえがちですが、実はとても簡単な音遊びです。

まずは1、2か月かけて、音だけ聞きましょう。音を聞いて、スピードに慣れることに集中します。その後、お子さんの興味が続くようでしたら、フォニックス用の教材を購入するのもよいと思います。

「フラッシュカード」で耳と目から英単語を覚える

フラッシュカードとは、表面にイラスト、裏面に表面のイラストで描かれたものの名前が書かれたカードのことです。たとえば、表面には犬のイラスト、裏面には"dog"と書かれている、といった具合です。

使い方は簡単。まず、カードの束を用意します。そして、一番後ろのカードの裏面に書かれた文字を覚え、1秒以内のスピードで束の一番前に繰り出すと同時に読み上げます。

一連の動きを連続させてカードの束を一気に子どもに見せることで、耳と目から英単語を覚えさせます。ノートに書き取りができるようになるまでの間は、浅く広く速く反復学習することが大切です。

フラッシュカードは、スピード重視です。浅く広く速く反復学習すると、面白く学習できます。**忘れたりわからなくなったりしても気にせず、反復学習を続けます。**

ただし、フラッシュカードを購入しても耳が音に慣れていないと、目で見ても情報がしっかり入ってきません。そこで最初はYouTubeで"Flashcards"と検索し、ネイティブが発音してカードをめくってくれる動画を見ながら、一緒に「アップル」「バナナ」などと発音してみましょう。2倍速視聴も効果的です。

「サイトワード」を身につける

英語の9割がサイトワードでできている、といわれています。サイトワードとは、out, could, then, byなど、英語を学ぶために不可欠な単語のことです。

余力があれば、"sight words for kindergarten" と検索して、ヒットした中で閲覧数の多いものから順に見て、発音してみましょう。

サイトワードは、英語を視聴し続けさえすれば繰り返し出てくる単語なので、時間がなければ省いても問題ありません。

ほかにも、"sight words" と検索すると、生き生きとしたアニメーションを使った楽しい動画がヒットします。

【2か月目】YouTubeを多聴し、真似て発音。英単語を書く

1か月目の多聴に慣れてきたら、2か月目は多聴と同時に英単語を覚えていきます。単語用にノートを1冊用意しましょう。

また、基礎英語学習の教科書として、「ピクチャーディクショナリー」(イラスト中

心の絵本のような辞書）があると便利です。場面展開されるためイメージがしやすく、８００語も収録されています。

たとえば、YouTubeで「LONGMAN PICTURE DICTIONARY」と検索すると、ネイティブが読み進めてくれるオーディオブックページが出てきます。こちらも、活用してください。

「今日はYouTubeでＡＢＣを勉強したから、本ではトピック1をおさらいしよう」「寝る前に（本に付属の）ＣＤを聞こう」など、YouTubeでバラバラに見たものを、テキストを使って整理することができます。

「ピクチャーディクショナリー」で、1日30語の英語にふれる

お子さんの関心のあるところから視聴し、「今日はフルーツを食べたけれど、フルーツについてはトピック6に載っているね。見てみよう」「シチューにブロッコリーが入っていたから、ブロッコリーマークが載っているトピック5の部分をやろう」など、英語学習を毎日の生活と連動させていきましょう。

語彙はイラストやアニメなどとからめると、リンクして覚えやすくなります。

2か月かけて、この本を1周することを目指します。1日30語を目指し、英語とふれ合っていきます。学校で使う英語の教科書で、野菜や家具の名前などがまとまっているものがあれば、そちらを使ってください。

毎日10語の英語を発音してみよう

1日10語、同じものを1週間毎日書きます。カウントの方法は1単語1カウントではなく、「A、B、C、Dで4語」で進めてください。毎日何分やるかというよりも、毎日10語をノートに書けたかどうかをチェックして、進めましょう。

「のんびりやっていこうよ」という気持ちで、これくらいのレベルから始めるほうが、続けられます。

もし、ここでわからない言葉が出てきても、「わからない……」と止まってしまうのではなく、あとでわかるようになると、気楽にスルーする力もつけさせてあげてください。わからないことで歩みを止めないという姿勢は、最初の段階から必要です。

また、親御さんは教えるのではなく、「これがわかるの？　すごいね！」と自信を与えたり、「これ、英語でなんて言うの？」と質問を投げかけて**自主的な検索力をつ**

けさせたりすることに集中しましょう。信頼して見守りながら、英語環境を整えることを大切にしていきます。

ワークブックのすすめ

動画に出てくる、たとえば"Hello."や"Nice to meet you."など綴りは大文字で開始する、単語と単語の間にスペースを入れるなど、アルファベットの書き方に慣れるまでは、ワークブックを数冊用意するとよいでしょう。

おすすめとしては、次のようなものがあります（いずれもAmazonで購入可能）。小学校で漢字ドリルに取り組むような感覚で、教育プログラムを多聴しながらノートに書きましょう。

・Big Preschool Workbook : Ages 3-5（School Zone Publishing Company）
・Sight Words and Spelling Workbook for Kids Ages 6-8（Modern Kid Press）

・Trace Letters : Alphabet Handwriting Practice workbook for Kids (Sujatha Lalgudi, Hippidoo)
・Writing Workbook Ages 3-5（Collins Uk）

ワークブックが1冊終わっても、聞いて書くことが難しそうな場合は、親御さんが左1行目に赤字で書いてあげると、お子さんもスムーズに進められるようになります。記憶に残るので、大きく1単語を書くだけでも十分です。

これらのやり方にルールはありません。お子さんが楽にできる方法を見つけてあげてください。

単語の復習は単語帳を作りながら

ある程度英語の音に慣れてワークブックも数冊終えたら、なかなか覚えられない単語をノートに書き取りましょう。まだ書くこと自体に慣れていない場合は、動画の視聴などで耳に残ったものを書かせます。

「聞こえたもの、わかったものを書いてみよう」と伝え、最低3フレーズ書けたら読んでもらってください。このときにシールをあげるなど、達成を実感できるアイテムを用意してもいいと思います。

単語に苦手意識が出てきてしまった場合は、無理やりやらせず、しばらく英語耳を作ることだけに専念してください。音読を繰り返して英語耳を作ってから書くことに移行すると、スムーズに書けるようになります。

どんな形でも、まずは聞けて言えるようになることが上達への近道です。時々休んでも、また続けることが何より大事。

英語耳を作ることが最優先ですが、書き取りでくっきりと輪郭を残すことで、その定着を早めることができます。定着してきたら、単語スペルを1日1ページ以上は書いて練習しましょう。**達成基準は、昨日や先週の自分よりできたかどうかです。**

なお、単語帳を作るときは、ネイティブキッズが使うサイトを利用しましょう。インターネットで"look, say, cover, write, check"と調べると、いくつかフリーのフォーマットが出てきます。

やり方は、左から右へ列にチェックを入れながら「見て言って、見ないで書けるか確認」します。欄に単語を書き、最後にスペルを見ながらcorrection（右端の訂正欄）に、もう一度書きましょう。

印刷してノートに貼付したり、ファイルで管理したりして、子どもが苦労せずにできるノート作りの工夫をしましょう。

単語帳作りのポイント

フォーマットを使わずノートに記入する場合には、次の４つのポイントに気をつけて進めてください。

①右上に必ず日付を入れる（例：Jan 4th, Sep 25th, Oct 1st, Nov 2nd, Dec 3rdなど、最初は親御さんが書いてあげて、それをお子さんが真似て書くように）。

②なかなか覚えられない単語、もしくは動画視聴で聞こえたフレーズを一時停止しながら、ノートに書く。大きすぎたり、小さすぎたりしても、気にしなくて大丈夫。いずれ上手に書けるようになるので、この段階では好きに書かせる。

③フレーズを言いながら、意味を考えて書く。

Know your words! name ______________________

look

say

cover

write

check

Words	look	say	cover	write	check	correction
Sunday						
Monday						
Tuesday						
Wednesday						
Thursday						
Friday						
Saturday						

ネイティブキッズが使っている単語帳

④単語と単語の間が離れているかを確認（例：Good morningのようにスペースを空ける）。

自由に書くことの例として、英語を学び始めて間もないお子さんのノートを65ページに掲載しています。ワークブック利用後、罫線付きノートに書いて練習することで、きれいに書けるようになったり、単語と単語の間のアキを自分で調整できるようになったりします。

この時点では「きれいさ」や「枠をはみ出さない」など気にせず、書くことに専念しましょう。なお、ワークブックを利用したり、英語時間バンクが２０００時間くらいになるころには、スペルミスは減ります。そのため、躍起になって、スペルの練習をする必要はありません。

【3か月目】物語反復視聴＋パターン学習アプリ＋リテル用ノートの活用

2か月間、英語を聞き続けると、少しずつ耳が英語に慣れてきたと感じるでしょう。

ここからは、ピンクフォン（英語教育チャンネル）の「イソップ物語」（各1〜4

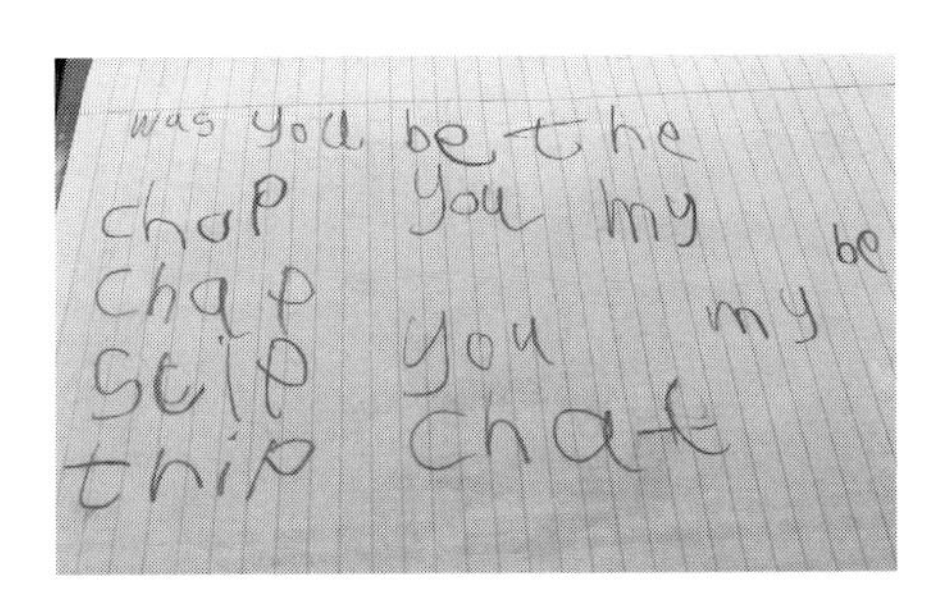

5歳児が書いた単語ノート①

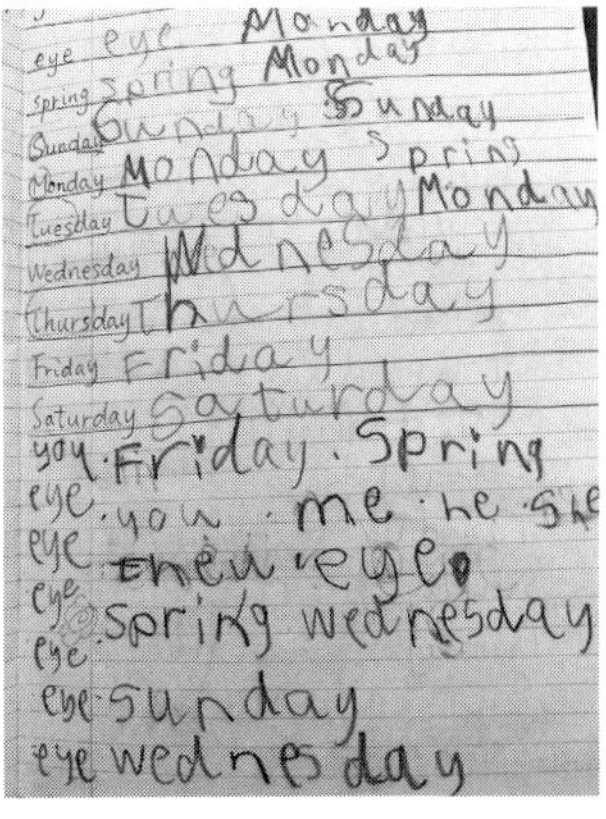

5歳児が書いた単語ノート②曜日

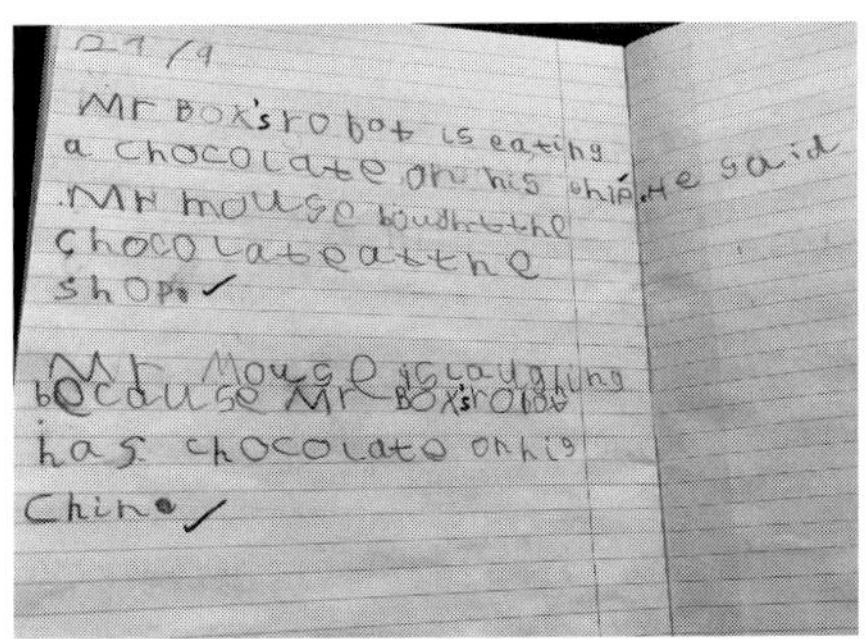

5歳児が書いた作文ノート

分。全30話）や、ブリティッシュ・カウンシル（イギリスの国際文化交流機関）のクラシックストーリー（各3分）などを聞いて、英語で短い物語が理解できるようになりましょう。

同時に、リテル用のノート（69ページ参照）を使って、書き取りにもチャレンジします。

またこの時期から、次の4つの環境を整えていきましょう。各項目とも、20〜30分を目安にしてください。

①朝：ディズニーなど好きな洋楽を習慣的に聞きながら、朝や登校の準備。
②園や学校から帰宅後：アプリを使った英語学習。
③夕食後：「ゼロから基礎英語500時間視聴プログラム」を視聴。
④就寝前：「Bed Time Story」「The Story Time Family」「PV Storytime」などの動画の音楽を流したり絵本を読んだり、絵本動画の視聴をしたりする。

物語を繰り返し聞こう

英語版のアニメや歌などは、速すぎて聞こえづらいところがあります。一方、教育プログラム用の英語動画は、韻を踏んだり繰り返したりが多いので、子どもにも聞き取れますし、わかるように作られています。その内容に集中して聞き続けましょう。可能であれば、何度も出てくる重要単語5〜10語を単語帳に記録しながら視聴したほうが、定着は早いです。毎日数本ずつ見ることを習慣にできれば、この時期はそれで十分です。

パターン学習アプリ「Duolingo」「Busuu」を活用

英語のパターン学習アプリを使うと、文法や単語、発音をゲームのように楽しんで学ぶことができます。また、パターンと場面で英語を覚えることができるので、より頭に入りやすくなります。

おすすめのアプリは「Duolingo」と「Busuu」。これらを使うと理解が深まるうえ、英会話や多観がより面白く感じられるようになります。

「Duolingo」は、有料と無料のコンテンツに分かれています。デザインがかわいく、楽しくパターン学習できる機能がついています。

「Busuu」は、1か月から利用できますが（Casual）、年間サブスクリプション（Serious）を利用するのがおすすめです。気楽に自分のペースでパターン学習を続けることができるうえにコンテンツが非常に多いので、こちらのほうがお得に使えます。また、作文をネイティブに添削してもらえます。

ここで大切なのは、英語学習をその子のペースでやらせてあげること。親御さんは、子どもが集中できる環境を整えましょう。

リテル用ノートを作ろう

リテリング（retell）とは、キーワードや絵をヒントに、英文を再構成して「伝える」ことです。リテルで言いたいことを自分なりの言葉で相手に伝える練習は、必要です。2024年からリニューアルされる英検では、記事の要約作文が追加されますので、早い段階からリテルに慣れておきましょう。

方法は、とても簡単。69ページのリテルノートの見本を参考に、確認したい項目（character＝登場人物、setting＝設定、problem＝問題、events＝出来事、solutions＝解決）順に好きな物語のあらすじを英語で書き、音読します。

確認したい項目	5W1H	例
character ＝登場人物	What is the main character ？	Alice, White rabbit, Cheshire cat, Caterpillar, Red Queen
setting ＝設定	What did the main character want?	One day Alice saw a rabbit running quickly, followed it, and wandered into Wonderland.
problem ＝問題	What was the problem?	There, Alice's body shrank and grew whenever she drank of ate something.
events ＝出来事	How did the character solve the problem?	Alice eventually attended the Red Queen's trial, but she angered the Red Queen.
solutions ＝解決	How did the story resolve?	Alice woke up and thought she was dreaming. However, the hole through which the rabbit had passed was indeed there.

自分の言葉で相手に伝えるための、またあらすじを確認するためのリテルノートの見本

このほかにも、リテル用のフォーマットはさまざまにあります。"Retell"とイメージ検索してヒットする中から、好きなシートを選んで印刷して使ってください。使ったシートは見直せるように、ノートに貼っておきましょう。

1~2か月目で動画視聴したもののタイトルや登場人物、出来事とエンディングを書きこんでリテルできるようにしておくと、4か月目がスムーズです。4か月目に、この書き取りを元に英会話を始めるので、どんどん書きためていきましょう。

英単語を覚えるのに便利な付箋&マスキングテープ

少しずつ書くことに慣れてきたと思います。単語ノートに知りたい単語を書いたあとは、発音してください。わからない単語があっても、概要をつかめれば大丈夫です。DeepL翻訳や本人が使いやすい辞書で調べましょう。

また、家の中を英語教室にするかのように、"toothbrush""refrigerator"など、付箋やマスキングテープに書いて、それぞれのアイテムに貼ってみてください。**自分で書いて、貼って、見る。これを繰り返すうちに、単語が自然と頭の中に入るようになります。**

途中で英語学習が止まってしまったときの、リカバリー方法

2、3日勉強したあと、学習が止まってしまった。もしくは1日おきなど気が向いたときにしかやらないなどの場合、環境作りから見つめ直す必要があります。

たとえば、落ち着きがないときはディズニーやピクサーなどアメリカコンテンツの明るく楽しい内容を、落ち着いているときは『くまのプーさん』『ピーターラビット』などクラシックなコンテンツを見せる。また、洋画を映画館で落ち着いてじっくり観るなど、お子さんの好奇心をくすぐるよう、変化を持たせてコンテンツを準備しましょう。

朝起きたらワクワクする英語の曲が流れていたり、色鮮やかな絵本や図鑑を用意したりするのもひとつの方法です。

このほか、静かな環境で3時間に一度、20〜30分は英語を視聴、または何度もYouTubeで見た絵本を動画とともにシャドーイングする時間を作りましょう。

簡単な英語の歌を聞いたり、それらを口ずさんで一緒に歌ったりするなどして、楽しい英語環境作りを。そういう環境で過ごした時間も、英語時間バンクにカウントし

てください。

英語学習の時間がきて、お子さんが“Hello.”と言ったら、それも英語学習の1カウントに含めます。たとえ2日英語学習を休んでしまっても「昨日は音楽を聞いたよね」「一昨日は冷蔵庫に貼ってあったABCDを見たよね」など、できたことを見つけてほめてあげてください。

このとき、「昨日はできなかったね」など、否定的な言葉は使わないことがポイント。毎日きちんとやることよりも、たとえ途中でつまずいたとしてもそれを許容しながら、楽しく英語にふれ続けられるよう、しっかり手綱を握って先導してください。

“onion”“cucumber”などはスペルができなくても、意味がわかって英語の発音ができれば構いません。超基本単語を書かせるような問題は準2級以上で出ませんし、相当量を見聞きしシャドーイングをして英語時間バンクで必要時間をクリアすれば、次第に書けるようになります。

「読む」「言う」を目標に、スタートから3か月間は、キッチンやリビングに付箋やマスキングテープで貼られた英単語をたくさん見せるように心がけましょう。

英語から離れてしまうと、聞いたり話したりする力はすぐに落ちてしまうので、英語に毎日ふれる家庭環境を作ることが大切です。

ゼロから基礎英語 500 時間視聴プログラム YouTube 検索ワード集

ネイティブキッズたちが英語の基礎力を鍛えるために視聴する、YouTube の検索ワードです。英語学習を始めて 3 か月間は、集中的に取り組みましょう。このリストを制覇する以前に英会話レッスンを始めても、話せるようになることは難しいです。このリストを利用して、英語時間バンクを 500 時間貯めてから、英会話レッスンを始めるようにしましょう。リストを制覇することで、英語耳の基礎を作ることができると同時に、自信もつきます。また、近い将来に挑戦する面接や作文の力をつけることにもなります。

なお、日々よく使う単語（言葉）から順に並べています。そのため、名詞→形容詞→動詞というような順ではなく、混在した順になります。

太字はシリーズものです。慣れたころに集中的に行うと、より力がつきます。

この中の項目が、「すでに聞き取れる・話せる」場合、すでに 500 時間の基礎英語力があると考えられます。その場合はスキップして、第 4 章から始めます。

方法
①検索して出てきたリストの中から、視聴数の多いものを優先的に視聴。
②英語字幕付きでシャドーイング。
③リピート視聴で、英語時間バンクを貯める。

【アルファベット】
ABC Songs for Children
ABC Alphabet Words / A to Z for Children / Song & Writing for Kids English Sing sing
ABC Letter Sounds
See It, Say It, Sign It
How to Write Letters for Children-Teaching Writing ABC for Preschool-Alphabet for Kids

【フォニックス】
Read Write Inc. Phonics
Phonics Song
Phonics Song 2
Phonics Song with TWO Words

【サイトワード】
Sight Words Song / What, Is, This, That / Learn to Read / Kindergarten
Sight Words Song / Look! Look! / Learn to Read / Kindergarten
25 Sight Words for Kindergarten #1 - Vocabulary words - ELF Learning
Sight Words for Kindergarten #2 - Vocabulary Words by ELF Learning
Sight Words Collection - Video 3 of 4 - ELF Learning - ELF Kids Videos
Learn Sight Words - Part 4 - by ELF Learning

【ピクチャーワード／最初に覚えたい言葉】
My first words Learn Basic English Vocabulary Picture words
First 100 words for children English vocabulary learning

【数】
Count 1- 10 / Counting Song for Kids
Count 11-20 / Counting Song for Kids
Count 21-30 / Counting Song for Kids
Count 31-40 / Counting Song for Kids
Count 41-50 / Counting Song for Kids
Count 51-60 / Counting Song for Kids
Count 61-70 / Counting Song for Kids
Count 71-80 / Counting Song for Kids
Count 81-90 / Counting Song for Kids
Count 91-100 / Counting Song for Kids
Count 101-200 / Counting Song for Kids

【時間】
Learn to Tell Time #1 / Telling the Time Practice for Children
Learn to Tell Time #2 / Telling the Time Practice for Children
Learn to Tell Time #3 / Telling the Time Practice for Children
Learn to Tell Time #4 / Telling the Time Practice for Children
Learn to Tell Time #5 / Telling the Time Practice for Children

【挨拶】
Hello Song for Kids / Greeting Song for Kids
The Magic Words / Thank you, I'm sorry and please
Goodbye & see you next time
Goodbye To YOU! - Super FUN and FAST Goodbye Song
What's This? What's That? / Kids Songs / Super Simple Songs

【気象】
Kids Vocabulary Weather How's the weather?
Rain Song / Season Song for kids / Nursery Rhymes / Bindl's Music & Kids Rhymes
The Weather for Kids / Learn Vocabulary in English / New Vocabulary for Kids
Be Careful! A Typhoon is Coming / Kids Safety Tips
The Moon song / Moon & Satellite Shape songs
Sun, Moon, and Stars

【行動（動詞）】
Kids Vocabulary Action words
Learning action words

【乗り物】
Kids Vocabulary Type of Vehicles
Here Comes The Fire Truck / Kids Songs / Super Simple Songs

【形】
Kids Vocabulary Shape

【服】
Kids Vocabulary Clothes

【家族】
Kids Vocabulary family

【体】
Kids Vocabulary parts of the body
Kids vocabulary Body

【食べ物・飲み物】
Kids Vocabulary Fruits & Vegetables
Learn food Vocabulary
Kids Vocabulary Drinks
Healthy Food Vs Junk Food Song

【動物】
The Animals for Kids - Wild Animals English Vocabulary
Kids Vocabulary- zoo
Kids Vocabulary Sea Animals

【短文】
Kids Vocabulary Words & Easy Sentences

【文房具】
Kids Vocabulary School Supplies

【学校】
My School / Going to School / Children's Song

【家】
Kids Vocabulary Parts of the House

【色】
Kids vocabulary color
What Color Is It? / Color Game for Kids
Colors - StoryBots Super Songs Episode 5 / Netflix Jr

【季節】
Seasons Song / Seasons - Months of the Year
Learn Four Seasons
Summer Song for Kids / The Singing Walrus

【1 週間】
Seven Days a Week
A Week Is Seven Days
Seven Days / English Word Song / Word Power / Pinkfong Songs for Children
Days of the Week Song with Spellings for Kids

【カレンダー】
Month of Year Songs
January / Calendar Song for Kids
February / Calendar Song for Kids
March / Calendar Song for Kids
April / Calendar Song for Kids
May / Calendar Song for Kids
June / Calendar Song for Kids
July / Calendar Song for Kids
August / Calendar Song for Kids
September / Calendar Song for Kids
October / Calendar Song for Kids
November / Calendar Song for Kids
December / Calendar Song for Kids
New Year Song / CoComelon Nursery Rhymes & Kids Songs

Valentine's Day Song / Valentine's Songs for Kids
Heart - Nursery Rhymes for Kids for Valentine's Day
Halloween Song for Kids / Halloween Creatures Put on Your Coat, Hat, Socks
Our Favorite Christmas Songs for Kids / Super Simple Songs
Christmas Songs for Children /Cocomelon

【感情】
Emotion and Feelings Visual Cards for Learning
Feelings and Emotions Vocabulary Chant for Children / Fun Kids English
Kids Vocabulary - Five Senses - Learn English for Kids

【日常生活】
Wash your hands
Brush your teeth
Learning the bathroom - Vocabulary for kids
In the bathroom / English for Kids
Bath Song / CoComelon Nursery Rhymes & Kids Songs
Stand Up, Sit Down / Actions Songs for Children / Kindergarten, Preschool
Head Shoulders Knees & Toes (Speeding Up)
I can / simple song for children learning English
Going To Doctors / Educational Songs / Learn Nursery Rhymes
I Have a Bad Cold / Simple Songs for Kids
Kids vocabulary body My day Daily Routine

【地理（大陸、海、国等）】
Countries and Nationalities / Where are they from?
Five Oceans Song
Seven Continents Song
Seven Continents Geography Song
Kids Vocabulary Desert

【惑星】
Planet Song / Preschool Learning
Solar System Song
The Eight Planets / Space Song for Kids / Solar System / Planet Song / Science Song
Twinkle Twinkle Little Star
Everything Is Going to Be Alright / Super Simple Songs

【シリーズもの】
CoComelon
PINKFONG Songs for Children
Super Simple Songs
English Singsing
Dialogue Collection / Learn English / Collection of Easy Conversation Dialogue / Let's Role-play / for ESL Students / English Educational Theme playlist / English Study for Kids / ESL & EFL English Sing sing Biography / English Stories by English Singsing
Aesop's Fables Series (The Sun and the Wind / The Tortoise and the Hare / The Grasshopper and the Ants)
Bed Time Story

第4章

英検®準2級を目指そう

ステージ2（4〜6か月）

アウトプット――英語を話そう、発音しよう、書こう

3か月英語習慣を続けることで、以前より英語が身近になってきたのではないでしょうか。

4か月目からは英会話をスタートさせて、英検®への土台を作っていきます。大変そうに思うかもしれませんが、毎日続けることで着実に力はつきます。気負わず、焦らず、楽しんで、まずは継続することに集中して進めていきましょう。

1〜3か月のプログラム視聴後には、挨拶や自己紹介などのフレーズが、なんとなくわかるようになります。それを言葉にして、相手に伝える練習を始めます。

とはいえ、日本語と比べて英語には18倍の音があるため、慣れるまではなかなかネイティブ英語の音をキャッチできません。それに戸惑わないように、YouTubeでネ

イティブの音に耳を慣らしておくことが大切です。

【4か月目 前半の2週間】毎日25分のオンライン英会話＋語彙力を増やす

「たった4か月で英会話なんて無理！」という声が聞こえてきそうですが、4歳以上なら、誰でも挑戦できます。**英語は、飛び込んで参加した人だけが習得できる**ものなので、チャレンジ精神をフル活用しましょう。

日常会話ができるようになるまでの目安は、約1年。この1年を聞く、話すに集中して英語耳を作ると、効率よく読み書きができるようになります。

まずは先生が発する英語の音を聞いて、真似して言ってみましょう。しばらくの間は、絵本の多観とリテルを活用しながら、実際に英会話の先生と話すことが大切です。

オンラインで、毎日1レッスン25分の英会話

オンライン英会話の場合、「DMM英会話」や「ネイティブキャンプ」は気軽に始めやすいと思います。無料のお試し期間を活用して、合っていると感じたほうを選びましょう。英語塾や英会話教室と比べてもコストが安く、「体験後3日以内に入会す

れば半額」など、さまざまなキャンペーンが行われています。

これらを活用し、短い時間でも毎日英会話を続けるほうが、週1回1時間の英会話をするよりも断然効果があります。また、好きな時間に話すことができるので、効率よく練習を続けられます。

オンライン英会話のメリットには、次の2つがあります。

1つは、毎回違う先生を選べること。そのため、毎回イントロダクションの"I'm Hiro. I live in Tokyo."などから始めることができます。どんな先生との会話も、最初は自己紹介から始まります。そのため、5日も続ければ、メモを見なくても英語で自己紹介ができるようになるのです。

気が乗らないときでも、画面の向こうの相手と話が始まると気分転換になります。また、先生たちはよく使うフレーズを多用し導入もうまいので、お子さんの英語力を自然に引き出してくれます。

もう1つは、世界中の先生たちが時差に関係なく24時間のサポート体制で、リクエストした時間に対応してくれること。

フィリピンの先生方は、導入がとても上手です。また、時差が少ないので、生活の一部として取り入れやすいというメリットがあります。

よく発音の点で「先生の国を選びたい」とおっしゃる方がいらっしゃいますが、初級から中級の子どもに対しては、単語数を増やすこと、英語音に集中して慣れることが大切だと先生方も理解しています。

初級〜中級英語において、先生方の国によって訛りを気にする必要はないので、安心して進めてください。

半年間は、聞き取れなくても辛抱強く聞く、話すに徹する

「通じた!」「楽しい!」「この先生はどこの出身?」「その国は、どこにあるの?」など、ワクワクした気持ちを実感できるのが、オンライン英会話の時間です。

同時に、慣れるまでの最初の半年間が、一番きつい時期でもあります。この期間は、質問を通して英語の音に親しむことに重点を置いてください。毎日20〜30分、英会話の時間を作ると、だんだん話せるようになっていきます。また、半年を過ぎると英語が聞き取れてきて楽しくなります。

英会話の先生は、こちらが理解できていなくても英会話を楽しめるように、あの手この手を使って誘導してくれます。辞書を引いたり事前に作文を書いたりして、興味があることを英語で調べてみてください。日記帳に日付を書いて新しく学んだ単語や感想、話した内容を書くのも、おすすめです。

また、最初からネイティブの先生では不安という場合、はじめの数回は日本人の先生を選んで始めることもできます。

オンライン英会話で会話ができないときは、事前ライティングを

4歳から6歳までは、英語音を聞くことに集中して、英会話を楽しみましょう。6歳を過ぎて構えてしまい、なかなか言葉が出てこない場合は、事前ライティングを試してみてください。

たとえば、朝に見たYouTubeの中で、耳に残った単語を書き出したり、毎日の単語帳からいずれかの単語を選んだり。もしくはPlease correct my pronunciation.(私の発音を直してほしい)と先生に伝えるのもよいでしょう。

このように、自分でインプットしたものをアウトプットする時間としてオンライン

英会話を活用するのもおすすめです。

自己紹介をスムーズにするためには、次をYouTubeで検索して視聴しましょう。

・Brainstorming a Narrative Writing Topic | Narrative Writing For Kids | Part 1
・Writing a Personal Narrative-Episode1:Brainstorming a Story for Kids
・Writing a Personal Narrative for Kids-Episode2:Making a Plan
・Writing Strategies | 6 Ways to Start a Sentence | Sentence Structure | Learn to Write

Personal narrativeとは、自己紹介のことです。これらを見れば、自分のことをどのようにして英語で伝えるのかがわかり、自己紹介もしやすくなります。ネイティブの先生が子どもたちに、どのようにして英作文を簡単に書くのかを説明しているので、ぜひ参考にしてみてください。

DeepL翻訳での事前準備

DeepL翻訳は、日本語で文を入力すると瞬時に英訳される、整合性が高く便利なツールです。発音も確認できます。無料版と有料版がありますが、無料版でも十分です。私は無料版のホームページとアプリの両方を、フル活用しています。

レッスンの前に、伝えたいことを音声確認機能でチェックします。聞こえた音を真似して読みながら、先生に伝えましょう。私たちが日本語を話せるようになったときのように、最初は真似をして繰り返します。

単語の暗記で語彙力強化

ステージ1で学習したピクチャーディクショナリーやフラッシュカード、サイトワードの単語が完璧でなくても構いません。基礎英会話から準2級レベルを意識した勉強に早い時期から切り替えるため、『英検準2級 文で覚える単熟語』（旺文社）を使いましょう。

英単語を覚えるときに、毎日10個ずつ覚えれば1週間で70個、1か月で300個覚えられると考える人がいます。しかし、このやり方では、たとえば1週間で70個を定着させることは、なかなか難しいと思います。

おすすめは、70個すべてを毎日繰り返し覚えていく方法。それも、1日2回、朝と夜に覚えていくと、定着しやすくなります。なお、単語の数は1週間で30個や50個など、またもちろん70個より多い数でも問題ありません。お子さんのペースで進めるようにしてください。

覚えるときには、日本語訳をイメージしながら1つの単語につき3秒くらいを目安に、70語を速めのリズムに乗せて声に出します。時間にすると、だいたい3分半ぐらいです。少し速めのリズムで行うことを、意識してください。意味をすぐに思い出せない単語は、日本語訳を確認します。

この方法で、朝晩1週間続けてみましょう。続けていくと、週の後半には単語が定着していることを実感できると思います。

音読するだけで、学習スピードは格段に上がります。たとえ今日、言えない単語があっても大丈夫です。英語がある生活環境にし、英語時間バンクに貯めていくことに意味があります。

なお、毎週100語ずつ覚えると、1か月で400語、半年で2400語になります。目安としては、準2級から各級2500語ずつ増えていくと考え、目標と達成時期に応じて覚える単語数を調整しましょう。

単語の復習方法

月の終わりに、その月に覚えた単語の中から抜き打ちで10問ほどテストし、単語を発音できるか習熟度を確認します。

このときだけ単語帳に単語を10個抜粋して書き出し、それを見て1単語3秒で単語の発音→意味を言うことができるか自分で確認しましょう。

【4か月目 後半の2週間】準2級の面接練習から始める

英会話にも、少しずつ慣れてきたころではないでしょうか。

準2級対策として、過去問題に挑戦していきましょう。語彙問題やリーディング問題に入る前に、ウォーミングアップとして、また英会話をより充実させて英語力の底力をつけるために、面接練習から行います。

日本人の英語力が低い理由の1つに、リーディングと作文に集中して学習を始めることが挙げられます。英会話に慣れていないのに、リーディングから勉強を始めても、聞いたことのない単語や文章を読むのは、とても難しいことです。

英検S-CBT（1日で4技能を測れる試験）では、面接から始まります。面接練習を後回しにせず、英語耳と英語脳を鍛えましょう。毎日25分の英会話時間を面接練習に直結させ、過去問題の例を参考にしながら発話します。

イメージトレーニング　問題は全部で5つ

面接本番の流れは、次のようになっています。

会場着→待合室（待機時間があるので、過去問題集などを持っていくこと）
移動→教室前で待機
入室→挨拶、受験級確認
　問題カード（黙読→音読）
　質問1　問題カードに関する質問

質問2　イラストAの質問
質問3　イラストBの質問
質問4　質疑応答　一般論
質問5　質疑応答　あなたの意見

入室後の自己紹介では、自分がどういう人なのかをわかりやすく説明できるように、5文程度は作っておきます。

「名前」「年齢」「どこから来たのか」「家族構成」「通っている学校や学年」「好きな科目」など、相手に伝えたいと思うことを、前もっていくつか考えておきましょう。

なお、日本語は話さないようにしてください。困ったときは、Let me see. Well,○○. と言って必死に考え、なんとか英語をひねり出しましょう。

合格基準は、だいたい7割とされているようです。次の5点を参考にしながら、気楽に練習しましょう。堂々と大きな声で話し、英語を話す気があることを前向きにアピールしてください。

①英検ホームページから「英検バーチャル二次試験　準2級」を見て、イメージトレーニング。

②英検ホームページの準2級過去問題の二次試験から、問題と解答のサンプルを音読する。難しいところは、日々の英会話25分で先生から読み方を教えてもらう。

③まずは10回、サンプルの音読と確認をする。

④英会話や学校の先生に、左の表現で練習をリクエストしてみる。

Please read it aloud for me to learn the pronunciation.

発音を学びたいので、私のために読んでください。

Please correct my pronunciation.

私の発音を直してください。

⑤英会話の先生だけでなく、学校の先生などいろいろな方と面接練習をする。

引き上げたレベルで英会話を慣らす

順を追って習っていなくとも、準2級の面接に出てくる言い回しを何度も言って練習します。そのうち覚えられるので、まったくわからないけれどやってみるという姿勢で大丈夫です。

先生に先に読んでもらい、読み方を教えてもらいながら、真似して読みましょう。読み方がわからない場合は、DeepL翻訳に入力して発音を確認し、先生にリクエストするか、チャットボックスに書いて伝えましょう。

サンプルの問題カードを印刷して、聞こえた単語を書いて音読練習するのもおすすめです。同じ問題に何度も取り組むことが、よい練習になります。

過去問題を確認すると、質問の流れはほとんど同じです。問題カードに書かれている単語や出題傾向も似通っています。最初に取り組むときが一番難しく感じますが、この1枚の言い回しを暗記するくらいに、英会話の先生と繰り返し練習しましょう。

英語学習は、レベルを引き上げることでたくさんの言い回しを覚えられるだけでなく、初歩的な単語の復習もできます。同じものの反復で、着実に習得していきます。

【問題カードの黙読と音読】

英検で出題されるのは、同じパターンです。パターン練習ができることも、私が英検をすすめる理由の1つです。

英検ホームページに掲載されている1題を例に、学習の進め方を確認します（実用英語技能検定準2級二次試験サンプル、2013年）。準2級の過去問題を購入し、6回分を目安に**何度も繰り返し、発話を練習しましょう**。

準2級の二次試験では、97ページのようなカードが手渡され、20秒黙読したあと、音読します。次の5点に留意して、意味を理解しながら音読しましょう。

①タイトルのあとは2拍空ける。ピリオドは一拍空けて、コンマは半拍空けて読む。
②強く読む単語と区切りに気をつける。
③Sをきちんと発音して音読する。
④急がず、ゆっくり落ち着いて、一語一句をはっきり発音する。
⑤出題傾向をおさえ、パターン学習をする。

音読テストでは、アナウンサーになったつもりで、抑揚をつけてしっかりゆっくり、相手に伝えることを意識して読みましょう。

1個1個の単語に集中して読みすぎてしまうと、文全体の意味が理解できなくなってしまいます。単語をしっかり発音するのは大事なことですが、文章の内容を理解して、強弱を意識しながら読みましょう。

たとえば、I am a student. だったら、I, studentの2語を強く読みます。主語（誰が）や動詞（どうする）、名詞（物の名前）を強めに読みましょう。読み方も、英会話の先生と何度か練習していくうちに身につくので、真似して読むことを続けましょう。

【質問1 問題カードに関する質問】

音読後、カードに関する質問があります。カード内の文の前後を照合して文を作り、答えましょう（■面接官、○受験者。訳は筆者）。

■ According to the passage, how do many families try to make the environment better?（出典：実用英語技能検定準2級二次試験サンプル、2013年）

その文章によると、多くの家族が環境をよりよくしようと、どのように努めていますか？

準2級二次試験サンプル問題

Sample

Recycling

These days, recycling is becoming common in people's daily lives. Most towns and cities collect cans and plastic bottles for recycling. Many families use products made from recycled paper, and in this way, they try to make the environment better. It is becoming more important to take care of the environment.

A

B

出典：実用英語技能検定準2級二次試験サンプル（2013年）
https://www.eiken.or.jp/eiken/exam/virtual/grade_p2/pdf/grade_p2.pdf

---

リサイクル　最近、リサイクルは人々の日常生活に浸透しつつある。ほとんどの町や都市では、缶やペットボトルを回収してリサイクルしている。また、多くの家庭では再生紙を使った製品が使われていて、このように環境をよりよくしようとしている。環境を大切にすることは、ますます重要になってきている。(訳は筆者)

○By using products made from recycled paper.（出典：実用英語技能検定準2級二次試験サンプル、2013年）

再生紙を使用した製品を使用することによってです。

【質問2　イラストAの質問】

描写問題に入ります。

カード内にすべて解答が書いてあるので、聞かれた質問の解答をカード内から探して、主語をHe/Sheに変えながら解答します。スムーズに解答するために、黙読と音読の段階で内容を理解しておくことが大切です。

■Now, please look at the people in Picture A. They are doing different things. Tell me as much as you can about what they are doing.（出典：実用英語技能検定準2級二次試験サンプル、2013年）

Aの人々を見てください。彼らはそれぞれ違うことをしています。彼らが何をしているのか、できるだけ詳しく教えてください。

（出典：実用英語技能検定準２級二次試験サンプル、2013年）

人が何かをしているAのカードを見て、５人の動作を説明します。たとえば、掃除しているとか歩いている、何か食べているなど、シンプルに解答しましょう。

○A man is putting a box (of bottles) on [in] a truck. A woman is planting (some) flowers. A woman is walking her dog. A man is painting the wall. A boy is riding a bicycle.（出典：実用英語技能検定準２級二次試験サンプル、２０１３年）

男性がボトルの入った箱をトラックに積んでいます。女性が花を植えてい

（出典：実用英語技能検定準２級二次試験サンプル、2013年）

ます。女性が犬の散歩をしています。男性が壁にペンキを塗っています。男の子が自転車に乗っています。

ペットボトルは日本語です。必ずボトルと答えましょう。準２級では和製英語と英語の違いを、少しずつ理解することも大切です。「置く」＝putはよく出るので、覚えておきましょう。

【質問３ イラストBの質問】

次はBのイラストを見て、状況を説明します。

状況の説明は、因果関係を表すものが多くあります。イラストの状況を見て、その通りに説明をします。

■Now, look at the girl in Picture B. Please describe the situation.（出典：実用英語技能検定準2級二次試験サンプル、2013年）

Bのイラストを見てください。状況を説明してください。

○She can't buy a drink because there are a lot of bicycles（parked）in front of the（vending）machine.（出典：実用英語技能検定準2級二次試験サンプル、2013年）

自動販売機の前に自転車がたくさん停まっているので、女の子は飲み物を買うことができません。

知らない表現がたくさんあるので、面接練習はまだ早いと思われるかもしれません。しかし、カードを見ながら表現を練習することで、飛躍的に語彙力がアップします。模範解答を見ながら音読することで、語彙力を上げていきましょう。

【質問4　質疑応答　一般論】

4番目と5番目は、YesかNoで答えられる質問です。どちらも必ず、意見のあとに理由を2文、用意してください。ここでは、必ず理由を言うことが大切です。

ここからは、作文で聞かれるような一般的な質問とあなたの意見を聞かれます。4問目の質疑応答（一般論）では、必ず一般論で答えてください。

自分の意見を言ったあとに、「一般的にこうだ」と一般論も追加して2文で答えましょう。間違った答えはないので、自分で考えて答えます。

聞かれた質問にはYes, I think ○○. No, I don't think ○○. と、YesかNoの意見をクリアに伝えたうえで質問文を繰り返して答えます。

■Now, Mr./Ms.——, please turn over the card and put it down.（出典：実用英語技能検定準2級二次試験サンプル、2013年）

では、○○さん、カードを裏返しにして置いてください。

■Do you think drinks in plastic bottles will be more popular in the future?（出典：実用英語技能検定準2級二次試験サンプル、2013年）

ペットボトルでのドリンク販売は、今後より増えると思いますか？

○Yes.→■Why?

○People can carry drinks easily in plastic bottles. More kinds of drinks will be sold in these bottles.（出典：実用英語技能検定準2級二次試験サンプル、2013年）

簡単に持ち運びができるので、もっとボトル販売がされると思います。

○No.→■Why not?

○It's not easy to recycle plastic bottles. Many people will try not to buy drinks in plastic bottles.（出典：実用英語技能検定準2級二次試験サンプル、2013年）

ペットボトルのリサイクルはそんなに容易ではないと思うので、購入者も減り、販売は増えないと思います。

【質問5　質疑応答　あなたの意見】

ここでは、自分の意見を問われる問題を見ていきましょう。

■ There are many kinds of newspapers in Japan today. Do you usually read a newspaper?（出典：実用英語技能検定準2級二次試験サンプル、２０１３年）

新聞がたくさんありますが、あなたは新聞を日常的に読みますか？

○Yes.→■Please tell me more.

○I think reading a newspaper is very useful. I can get a lot of news and information every day.（出典：実用英語技能検定準2級二次試験サンプル、２０１３年）

新聞を読むことで、情報やニュースを得られるので、とても使えると思います。

○No.→■Why not?

I watch the news on TV every day. Also, I read the news on the Internet.（出典：実用英語技能検定準2級二次試験サンプル、２０１３年）

テレビでニュースを見たり、インターネットを使ったりして情報収集しています。

いいか悪いかに関係なく、ここでは自分の意見を用意しましょう。準2級は、日本育ちの小学校低学年生でも、英語耳を1～2年作ったあとであれば答えられます。こういった内容に対応できるよう、日頃から探究心を磨きましょう。

なお、これらを英会話の先生と練習する場合は、あらかじめ "sustainability for kids" "why plastic bottles are bad" "e-Books" "paper books" などをYouTubeで検索して調べておきます。

オンライン英会話では、先生と "sustainability" "plastic bottles" "e-books" のいい点、悪い点について話し合ってみてもよいでしょう。

態度点取得のための聞き返しフレーズ

英語を話す気がなかったり日本語を話し始めたりする場合、減点対象となります。得点を獲得するためにも、無言になるのは避けましょう。もし質問を理解できなかったら、もう一度言ってくれるよう、お願いしましょう。

Can you please say that, again?　もう一度言っていただけますか？

Excuse me?　すみません。

One more time, please?　もう一度お願いできますか？

これらのフレーズも、まずはDeepL翻訳で発音を確認して、自分で唱えてから英会話の先生に発し、発音の確認を繰り返します。すべての質問に1回ずつこのフレーズを利用しても大丈夫です。わざとらしくならないように、自然に聞き返しましょう。

複数の先生とスムーズに会話ができるようになったら、準2級面接練習本を購入し、過去問題と予想問題も練習すると、より力がつきます。

この段階で、パターン学習に慣れて自分の意見や一般論も言えるようになると、ここからあとの作文やリスニング、リーディングがスムーズにできるようになります。

頻出フレーズを独り言や先生との会話で何度も言うこと、耳を慣らして英語耳を鍛えることに集中しましょう。

【5か月目】リスニングの過去問題を練習

「英語耳を作る↓話す↓聞く」という順序で学習することをおすすめしていますが、準2級の学習も面接、リスニングの順で行います。この順番で学習すると、リーディング問題でも得点しやすくなります。

英検のホームページに掲載されている過去3回分のリスニング問題を、何度も繰り返しましょう。約25分でパート3まで分かれているので、各10問、1つのパートごとに問題を解いてください。1つのパートにつき、半分解けたら上出来です。

耳をより慣らすためには、音読が近道です。自分のフレーズとして使うために、過去問題の表現を言えるように何度も練習しましょう。

なお、本番では、①放送が流れる前に選択肢を読んでおく、②一度しか放送されないためメモをとりながら聞く、の2点に注意すると、得点しやすくなります。

リスニングの勉強方法

英語耳作成を意識して、リスニングは次の3ステップで行います。

①英検ホームページから、過去3回分のリスニング問題を聞いて解く
3つのパートに分かれています。1つのパートにつき、半分できれば上出来です。

②スクリプトを見ながら、音読

③読めないところ、難しいところは、線を引きながらシャドーイング

はじめは正答率が2~3割でも、この方法で1か月練習すれば、英文が聞き取れて理解できるようになります。毎日コツコツと学習を進め、繰り返すことが大切です。

【6か月目 前半の2週間】準2級の英作文の過去問題と音読の練習

少しずつ、手応えを感じられるようになっているのではないでしょうか。

とはいえ、まだ語彙問題やリーディングは難しいので、ここでは面接と作文練習のためのリサーチを続けて、力を蓄えましょう。英検ホームページに掲載されている過去問題3回分の問題例を見ながら、次の3つを意識して練習してください。

①解答例の音読を5回繰り返す。そうすることで、出題内容を確認できる。
②過去問題3回分の作文解答例を音読・意味調べ。そのあと、構成を分析。
③作文を書いて、英作文添削を受ける。

作文のポイント

問われるポイントは次の3つですが、これも「慣れ」です。何回も練習することで、確実に正答率が上がります。

①自分の意見とその理由を2つ書く。
②単語数の目安は50～60語。
③正解がなく、議論となるような客観的な視点が問われる題材が使われることが多い（例：ファストフードは人々にとってよいと思いますか？）。

作文の定型文　OREO

英語の作文の書き方にOREO（Opinion, Reason, Example, Opinion）という考え方があります。意見を述べ、その理由を伝え、たとえを話し、最後に内容をまとめるという流れになります。

つまり、「Opinion＝こう思う」「Reason＝なぜ？」「Example, Explanation＝例、説

明」「Opinion＝こう思う」の繰り返しです。
書く順序は次の通りです。この型にはめて繰り返し書く練習をするのが、英作文上達の近道です。

［自分の意見］最初に自分の意見を書く。
［理由1］なぜ、自分はそう思うのか。1つ目の理由を書く。
［具体例1］1つ目の理由を支持する具体例を書く。
［理由2］2つ目の理由を書く。
［具体例2］2つ目の理由を支持する具体例を書く。
［再主張］改めて、自分の意見を書く。

準2級用OREOの型は、次のようになります。なお、準2級は例を入れなくても問題ありません。最初の文は、お題の文に I think または I do not think をつけるだけ。最後の文も Question の文とほぼ同じです。

Opinion：I think ----. I have two reasons to support this opinion.

Reason 1：First, ----.

Reason 2：Second, ----.

Opinion：It is a good idea to --------.

過去の問題例を見てみましょう（実用英語技能検定準2級、2023年度第1回）。

●あなたは、外国人の知り合いから以下のQUESTIONをされました。
●QUESTIONについて、あなたの意見とその理由を2つ英文で書きなさい。
●語数の目安は50語~60語です。
●解答は、解答用紙のB面にあるライティング解答欄に書きなさい。なお、解答欄の外に書かれたものは採点されません。
●解答がQUESTIONに対応していないと判断された場合は、0点と採点されることがあります。QUESTIONをよく読んでから答えてください。

QUESTION　Do you think hospitals should be open on weekends?

112ページのように4マスに分けて、考えを整理してから書き始めましょう。

OREOの型での書き方

Opinion （こう思う）	病院は週末、診療しなくていいと思う。	No, I don't think so.
Reason1 （なぜ？①）	医師や看護師も休んでリフレッシュするべきだから。	Workers should relax during the weekends.
Reason2 （なぜ？②）	家族で週末にハイキングしたりして、一緒に過ごす時間が大事だから。	Spending time with your family is important such as hiking together.
Opinion （こう思う）	働く人のためにも、病院は週末、休んでいいと思う。	To let workers relax, hospitals don't need to open on weekends.

◎**解答例**（出典：実用英語技能検定準2級（2023年度第1回））

I do not think hospitals should be open on weekends. I have two reasons.
First, workers at hospitals need enough time to relax on weekends.
They can reduce their stress by refreshing themselves.
Second, weekends are good chances for families to spend time together.
For example, workers at hospitals can go hiking with their family members.

◎**訳**（筆者）

病院は、週末には診療すべきではないと思う。理由は2つある。まず、病院で働く人たちには、週末に休む時間が必要だ。リフレッシュすることで、ストレスを軽減できる。次に、週末は家族が一緒に過ごすよいチャンスだ。たとえば、病院で働く人は、家族と一緒にハイキングに行くことができる。

もうひとつ、過去の問題例を見てみましょう（実用英語技能検定準2級、2023年度第2回）。

●あなたは、外国人の知り合いから以下のQUESTIONをされました。
●QUESTIONについて、あなたの意見とその理由を2つ英文で書きなさい。
●語数の目安は50語〜60語です。
●解答は、解答用紙のB面にあるライティング解答欄に書きなさい。なお、解答欄の外に書かれたものは採点されません。
●解答がQUESTIONに対応していないと判断された場合は、0点と採点されることがあります。QUESTIONをよく読んでから答えてください。

QUESTION Do you think it is good for students to make study plans for their summer vacations?

OREOの型での書き方

Opinion（こう思う）	夏休みには、学習プランを立てるべき。	Yes, I think so.
Reason1（なぜ？①）	夏休みにするべきことをはっきりさせることで、より効率的に過ごせる。	Students can know what to do clearly and spend time more effectively.
Reason2（なぜ？②）	計画を立てれば、誰かに言われなくても自主的に勉強できるようになる。	They can start studying without being forced.
Opinion（こう思う）	効率的に自主的に勉強できるから、学習プランを立てるのはいいことだ。	To spend time more effectively and study proactively, it is good to make study plans.

◎**解答例**（出典：実用英語技能検定準２級（2023年度第２回））

Yes, I think so. First, students can clearly understand what to do during the summer vacations. They can make the best use of their time. Second, they can start studying on their own without being forced. They can study more efficiently and remember better with study plans. Therefore, I think it is good for students to make study plans.

◎訳（筆者）

はい、そう思います。まず、生徒たちは、夏休みに何をすべきかを明確に理解できる。時間を有効に使える。次に、強いられずに自主的に勉強を始められる。学習計画を立てることで、より効率的に勉強し、よりよく記憶できる。だから、学習計画を立てるのは、よいことだと思う。

【6か月目 後半の2週間】作文の練習

英検ホームページに掲載されている3題の練習をしてみましょう。採点基準である内容、構成、語彙、文法に気をつけて書いたのち、3回音読します。そのあと、語数を書き加えて必要な語数に足りていることを確認したのち、添削をしてもらってください。

日本語に訳しながら取り組んでも、問題ありません。まずは、意見を整理して言えることを大切にしましょう。わからない単語があった場合は、YouTubeにそのまま入力し、ネイティブの解説を聞いて英語で理解していきます。毎週1題「書く」ことに、1か月間じっくり挑戦していきます。

「真似て覚える」を繰り返す

ひと通り過去問題が解けたら、まずは音読と各質問についての答えを整理します。「こうやって書くのか」と理解してから書き、先生に見てもらう、もしくは書き写すだけでも問題ありません。真似て同じものを書ければ、合格することができます。

フレーズを丸暗記するのは効果的です。また、言い換えもできると、なおよしです。

英会話の先生に作文を採点してもらう際のリクエストは、次のように言ってみましょう（読み方の確認はDeepL翻訳参照）。

I will read my essay, so please grade. Each category has 4 points such as content, structure, vocabulary and grammar. In total, it is 16 points.

作文を読むので点数をつけてください。合計16点、内容、構成、語彙、文法の各4点評価です。

ステージ3（7〜12か月）

チャレンジ──過去問題の練習と受験

いよいよここからは、過去問題に本格的に取り組んでいきます。

準2級の基本5グッズ

まずは、基本となる5つのグッズを準備します。

①『英検準2級　文で覚える単熟語』
②過去問題を2部ずつ印刷（書き込みリサーチ用と書き込み禁止リピート用）。
直近3回分は英検ホームページから印刷し、6回分は購入。

基本5グッズを使った学習

③辞書（DeepL翻訳、Dictionary.comなど）。
④オンライン英会話
⑤YouTube

復習ノートや単語帳を用意すると、管理が大変です。そのため、過去問題は2部ずつ印刷して答案用紙を用意すれば、マークシート練習もしやすくなります。また、管理も楽になります。

【7～8か月目】ホームページ掲載の過去問題を3回分、時間を計って挑戦

グッズの準備ができたら、準2級の過

去問題を毎週1題すべて通して解くことにチャレンジします。同時に得点を管理し、意味調べとYouTubeリサーチで知識を積んでいきましょう。ここで初めて、語彙問題とリーディングに挑戦します。

言語は、パターン学習です。同じ問題を繰り返し解く中で、5割ほど解答できれば、合格の兆しが見えてきたと思って大丈夫です。

【9か月目】過去問題を6回分購入して、通して解く

同じ問題を繰り返し解いて7割くらい解答できるようになれば、受験にチャレンジしてみましょう。

「同じ問題を繰り返すより、初見の問題を何度もやりたい」という声を聞きますが、同じ問題を何度も解くほうが効果的です。というのも、何度も繰り返すことで語彙力や作文力が確実に定着するからです。

なお、英検のホームページでは、直近3回分の過去問題が公開されています。また、YouTubeやインスタグラムにも頻出単語がたくさん掲載されています。安心して、何度も同じものを解いてください。

【10〜12か月目】準2級を受験

準2級合格への手応えを感じたら、S-CBTで受験してみましょう。このとき、自分の弱点や実力を知るためにも、成績をデータ化していくことが大切です。どの問題で間違えて、何点だったかを毎回記録しておきます。自分でやるのが難しそうな場合は、最初の数回は親御さんが手伝ってあげてください。コツをつかめれば、お子さんもできるようになります。

そうすれば、たとえ失敗したとしても、戦略を立てて次の目標に向かっていくことができます。小学生のうちにこうした姿勢を身につけておくと、中学受験はもちろん、中学・高校に進んでからの学習でも非常に役に立ちます。

リーディング問題に効果的なレビュー3原則（3R）

オンライン英会話では、先生がレッスン中に英文の意味を噛み砕いて伝えてくれることが多いのですが、意味については先生に確認したあと、自分でも英和辞典やDeepL翻訳で調べたほうが、理解が深まります。

小学校中学年以上のお子さんでしたら、次の3点を意識して調べものをすることで、学習の内容をより深めることができます。

①Retell（リテル）
各段落内で大事な文を抜粋し、それらをつなぎあわせて、第3者に英語で説明する。時間がない場合は、各段落の大事な文に印をつけ、英語で要約する。

②Research（リサーチ）
なかなか理解できない単語やトピックについて、英語でYouTube検索と視聴を行う。

③Read aloud（リードアラウド）
声に出して読む（音読2回）。

英会話の先生とのレッスンでは、意味を調べてから英語で感想を言い合う、出てきたトピックについて討論するなどに重きを置いて話すことで、内容をより深く理解できるようになります。

アーティスト（artist）、建築士（architect）、シェフ（cook）、医師（doctor）、エ

ンジニア（engineer）、農家（farmer）など、海外の職業などの情報を英検の過去問題から学びましょう。

受験の当日は、待ち時間が長くなることもあります。必ず、これまで何度も解いた過去問題と『英検準2級 文で覚える単熟語』を持っていき、待っている間も時間を有効活用してください。試験が終わったら、すぐに答え合わせと意味調べ、音読をして、次の目標となる2級の学習につなげます。

途中で英語学習が止まってしまったときの、リカバリー方法

スタジオジブリ製作のアニメを英語で観たり、洋画やYouTubeでの英語視聴を繰り返したりして英語を耳にすることが、これまでの英単語学習の復習になります。

聞き慣れない難しいトピックが出てきたら、"○○ for kids" などと入力し、キッズ用の解説を英語で検索して、無理なく簡単な英語で内容を確認しましょう。

トピックの大まかな内容がわかっていると習得も早いので、まずは子ども向けの英語解説チャンネルを探し、準2級の頻出トピックについて理解を深めることが大切で

す。教育英語チャンネルや絵本の朗読番組などで、字幕を見ながら復習するのもおすすめです。

リニューアルされる英検

2024年度から、リニューアルされることが発表されました。準2級では、メールに返事をするという日常生活で実践的な内容が追加され、語彙問題と長文が一部削減されるそうです。

そのため、簡単なメールの書き方を定型文で練習し、ほかはこれまでと変わらず単語レベルを意識的に引き上げて学習していきましょう。

英検のホームページに掲載されている例題は、125ページを参照してください。その際、ホームページに掲載されている解答例や評価観点も確認しておきましょう。なお、リーディングとライティングの試験時間は、75分から80分に変更されます。

◎問題文（メール）の訳（筆者）

何だと思う？　先週、父がネットでロボットペットを買ってくれたんだ。

本物の犬を飼いたかったんだけど、両親に犬の世話は難しいって言われちゃって。

代わりにロボット犬を飼うことを勧められたんだ。

このメールと一緒にロボットの写真を送るね。

ロボットペットはかわいいけれど、ひとつ問題があるんだ。

それはあまりバッテリーが長持ちしないってこと。

これは、今後改善されると思う？

あなたの友人、アレックス

◎メールの書き方（筆者）

メール内で聞かれている質問に解答します。

まずは感想を伝え、下線部についての特徴を尋ねる具体的な質問を２つ書き、またメールを書いてね、の決まり文句を書きましょう。

減点をされないために、なるべくギリギリの語数で書くことを心がけてください。

very や so を追記すると、得点しやすいと思います。

◎解答例と訳（筆者）

It is very interesting your father bought you a robot pet on the internet.
Does it speak? How does it move?
I think the battery will last longer and robot pets will improve in the future.
Hope to hear from you soon. (42words)

君のお父さんがインターネットでロボットペットを買ってくれたのはとても面白い。

しゃべるの？ どうやって動くの？

将来的にはバッテリーが長持ちし、ロボットペットの性能も向上すると思うよ。

早く返事を書いて教えてね。

E メールに関する問題例

●あなたは、外国人の知り合い（Alex）から、E メールで質問を受け取りました。この質問にわかりやすく答える返信メールを、□に英文で書きなさい。

●あなたが書く返信メールの中で、Alex の E メール文中の下線部について、あなたがより理解を深めるために、下線部の特徴を問う具体的な質問を 2 つしなさい。

●あなたが書く返信メールの中で□に書く英文の語数の目安は 40 語～ 50 語です。

●解答欄の外に書かれたものは採点されません。

●解答が Alex の E メールに対応していないと判断された場合は、0 点と採点されることがあります。Alex の E メールの内容をよく読んでから答えてください。

●□の下の Best wishes, の後にあなたの名前を書く必要はありません。

> Hi!
> Guess what! My father bought me a robot pet last week online. I wanted to get a real dog, but my parents told me it's too difficult to take care of dogs. They suggested that we get a robot dog instead. I'm sending a picture of my robot with this e-mail. My robot is cute, but there's a problem. The battery doesn't last long. Do you think that robot pets will improve in the future?
>
> Your friend,
> Alex

> Hi,Alex!
> Thank you for your e-mail.
>
> 解答欄に記入しなさい。
>
> Best wishes,

出典：https://www.eiken.or.jp/eiken/2024renewal/pdf/4_grade_p2_w.pdf

第5章

英検®2級を目指そう

ステージ4（13か月）

準2級に合格したら、2級英語をなじませよう

準2級に合格したあとは、英語学習の進みがゆるみがちになることがあります。でも、最終目標は準1級合格です。これまでと同様に、コツコツ続けていきましょう。

2級に向けた基本7グッズ

まずは、基本グッズを揃えます。第4章で掲載した5アイテムに歌と映画を追加した次の7点になります。

① 『英検準2級　文で覚える単熟語』『英検2級　文で覚える単熟語』

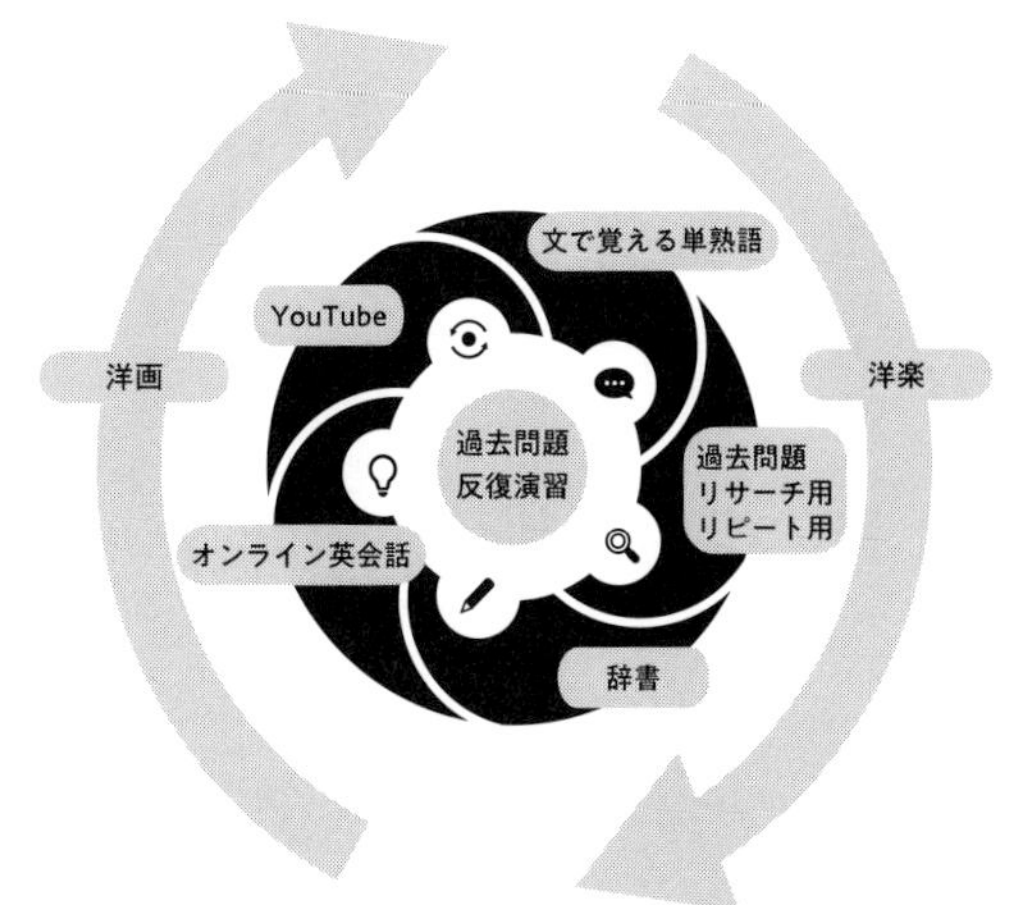

基本７グッズを使った学習

②過去問題を2部ずつ印刷（書き込みリサーチ用と書き込み禁止リピート用）。直近3回分は英検ホームページから印刷し、6回分は購入。
③辞書（DeepL翻訳、Dictionary.comなど）。
④オンライン英会話
⑤YouTube
⑥洋楽を歌う
⑦洋画を視聴する

2級学習のためにこれからする5つのこと

過去問題を中心に行いますが、その前

に語彙力を伸ばすこと、視聴を重ね、より耳を慣らすことに取り組みます。

①『英検準2級 文で覚える単熟語』を音読し、意味がわかるか確認。取りこぼしている単語を探す。
②平日は、英検ホームページに掲載されている過去問題3回分をベースに、毎日25分のオンライン英会話を継続。
③覚えられない単語があったら、その都度YouTubeで"○○for kids"と検索。
④2級の過去問題6回分を購入。面接、リスニング、英作文練習の各分野で7割の出来を目指す。
⑤『英検2級 文で覚える単熟語』を準備。

単語と熟語の総復習

挑戦する級の過去問題が7割マスターできた状態で受験することを、目安としています。そのため、各級に合格してすぐは、7割の出来という段階にあります。

まずは、準2級対策で購入した『英検準2級 文で覚える単熟語』を使って、7割マスターできている単熟語を完全習得の出来までに仕上げていきます。

さらに視聴で耳を慣らそう

単熟語の復習と同時に、会話が多く入った物語やビデオをたくさん観て、英語時間バンクを確保することを意識してください。ファミリー系、動物系、環境系などがおすすめです。

というのも、これらは英検での頻出分野だと思われるためです。また、事前に動画を視聴しておくと、英検で問われる4技能すべてに役立ちます。

その後は、4か月かけて2級に必要な英語力をブラッシュアップ。準2級合格後から半年後を目安に、2級の受験にチャレンジしましょう。

YouTubeには、2級の面接練習動画が多数上がっています。難易度が上がるので、子どもたちは難しい顔をしがちですが、そのまま視聴を続けましょう。気に入った動画があれば、それを何度も繰り返し視聴するようにしてください。

英語バンクに効率よく200時間を貯めるコツ

この2か月間で効率よく英語時間を貯めるコツは、**洋画視聴する際に出てくる歌で、発音をなじませること**。そして**過去問題の音読**です。

準2級のときに観た『アラジン』や『ライオン・キング』などに出てくるさまざまな表現を言えるように、字幕を見ながら一緒に発音してみましょう。これらの映画には、名ゼリフが多いのです。そして、過去問題を単元別に繰り返し行うことで、力をつけていきます。

新ジャンルを追加したい場合は、ほっこりするホームドキュメンタリーがおすすめです。そのほか、映画挿入歌の歌詞を音読するのもよいでしょう。

好きな英語の歌詞を活用し、リラックスした状態で効率よくリスニング力を強化しながら、英語時間バンクマラソンも続けていきます。また、名曲ぞろいのディズニー英語の歌の歌詞を日々音読すると、2級レベルの英語力は着実につきます。

2級の学習でおすすめの映画

洋画は人種の描写やその国の様子を学べるので、積極的に視聴しましょう。2級レベルでは、日常会話を実際に確認することが、試験対策につながります。

日本とは文化がまったく異なる国で使われている言語だからこそ、どんなときに、どんなふうに話されるのか、映画鑑賞で体得しましょう。いろいろな作品を観ながら舞台となった国や時代背景などを検索したり、好きなセリフを真似たり歌を歌ってみたりして、アウトプットすることで理解を深めましょう。

おすすめの映画を挙げますので、参考にしてください（50～51ページで挙げた映画と一部重複しています）。

・『赤毛のアン』（Anne of Green Gables）
・『アニー』（Annie）
・『オズの魔法使』（The Wizard of Oz）
・『グレイテスト・ショーマン』（The Greatest Showman）
・『ジュリエットからの手紙』（Letters to Juliet）
・『HACHI　約束の犬』（Hachi：A Dog's Tale）

・『ハリー・ポッターと賢者の石』（Harry Potter and the Sorcerer's Stone）
・『プラダを着た悪魔』（The Devil Wears Prada）
・『ベイブ』（Babe）
・『マダム・マロリーと魔法のスパイス』（The Hundred-Foot Journey）
・『マンマ・ミーア！』（Mamma Mia!）
・スタジオジブリ製作の映画全般（英語版を英語字幕で）

視聴した映画のリテルを練習

毎日25分の英会話では、最近観てインプットした映画について、リテルでアウトプットして、自分の感想を先生に伝えましょう。たとえば『グレイテスト・ショーマン』を要約する場合、次の形を参考にしてください。

I recently watched the movie greatest showman. The film was based on a true story about a man who started a circus in the United States. I learned there are a lot of hardships stories behind successful families.

最近、映画『グレイテスト・ショーマン』を観た。この映画は、アメリカでサーカスを始めた男の実話に基づくものだった。成功した家庭の裏には、多くの苦難の物語があることを知った。

2級の語彙数

準2級から2級では必要な語彙が2500語、2級から準1級でも2500語増えると想定されます。最終目標は準1級に合格することですので、準2級合格後、長く休まずに2級→準1級と続けて受験するよう、リズムよく進めましょう。

【13か月目】多聴の継続+『英検準2級 文で覚える単熟語』の復習

多聴にも、ずいぶん慣れてきたと思います。

とはいえ、ここで**時事問題を聞くなど内容のハードルを上げるのではなく、これまで通り簡単なストーリーで会話が多いものを選びましょう。**

耳慣らしのために、毎日1時間以上英語字幕で視聴することが大切です。2級は日常会話が多いため、YouTubeでFAMILY STORYやA READ LOUD STORYの絵本の動画などを検索して視聴してください。

また、人物の伝記（biography）やアニマルプラネット（animal planet）、エコシステム（ecosystem）と検索して出てくる動画を視聴すると、英語時間バンクに効率よく計上できるだけでなく、自然界や環境問題の知識を英語で積むことができます。

『英検準2級 文で覚える単熟語』の総復習は、1日70〜100語を目安に発音しながら行いましょう。

発音しながら意味がすぐに浮かばないものは、マーカーで目立たせたり、単語カードに書いたり、付箋やマスキングテープに書いて室内に貼ったりして、次回確認したときには、必ず意味がわかるようにします。

英語はふれればふれるほど、日常会話や英検の文章などで何度も同じ単語と出会います。自然と復習ができるので、積み重ねが大切です。

準2級合格直後は、『英検準2級 文で覚える単熟語』の単語集に戻って、全単語の意味の再確認をします。

1日70〜100語唱え、なじみのない単語にマークをします。準2級単語の反復学習が終わったら、準2級のときに使用した9回分の過去問題に戻り、なじみのない単語を再マークしましょう。

復習が一通り終わり、準2級を100%理解している自信がついた段階になったら、『英検2級 文で覚える単熟語』で予習をします。

ステージ5（14か月）

2級レベルの英語を話そう、発音しよう、書こう

準2級のときと同様、面接の練習から行います。1か月間、毎日英会話の先生と面接練習をするのと同時に、『英検準2級 文で覚える単熟語』の復習も行いましょう。

【14か月目】面接練習

面接の流れは準2級と同じです。練習前に必ず英検ホームページに掲載されている2級のバーチャル二次試験とサンプル問題、YouTubeで二次試験面接練習動画を見て、この先の流れを確認しましょう。

入室→挨拶、受験級確認、自己紹介

問題カード（黙読20秒→音読）
質問1　問題カードに関する質問
質問2　考える時間20秒→イラストの説明
質問3、4　質疑応答　あなたの意見

入室時、緊張を解くためにも、次のような挨拶が言えるように準備しましょう。
Hi, How are you? Thank you for your time. I am nervous, but I will do my best.
こんにちは。ご機嫌いかがですか。お時間をいただき、ありがとうございます。緊張していますが、ベストを尽くします。

問題カードを渡されたら、20秒の黙読後に音読スタートです。面接は普通の会話とは異なります。次の3点に気をつけて読みましょう。

①タイトルを読む。
②「S」をきちんと発音する。

③ゆっくりはっきり大きな声で、ナレーターやアナウンサーになったつもりで話す。

発音だけでなく、意味をわかって読んでいるかを面接官は見ていますので、意味の区切りに気をつけて音読します。

英検ホームページに掲載されている二次試験のサンプル問題（実用英語技能検定2級、2013年）を、順を追って見ていきましょう。

質問1と2については、問題カードを見ながら、またカード内の文章を読み取りながら答えます（■面接官、○受験者。訳は筆者）。

【質問1　問題カードについての質問】

■According to the passage, how do some customers with children do their shopping more easily?（出典：実用英語技能検定2級二次試験サンプル、2013年）

この文章によると、子ども連れの客はどのようにして、買い物をしますか？

○By choosing shopping centers that provide childcare services.（出典：実用英語技能検定2級二次試験サンプル、2013年）

2級二次試験サンプル問題

Sample

A New Service for Parents

It can be troublesome for parents with young children to go shopping in crowded places. For this reason, more shopping centers have started offering their customers childcare services. Some customers with children choose shopping centers that provide these services. In this way, they do their shopping more easily. Such services are becoming available even in places such as theaters and hospitals.

Your story should begin with this sentence: **One day, the Sasaki family went to an art museum that offered childcare services.**

出典：実用英語技能検定2級二次試験サンプル（2013年）
https://www.eiken.or.jp/eiken/exam/virtual/grade_2/pdf/grade_2.pdf

---

親への新しいサービス　小さな子どもを持つ親にとって、混んだ場所に買い物に行くのは大変だ。そのため、託児サービスを提供するショッピングセンターが増えてきた。子連れの客の中には、託児サービスのあるショッピングセンターを選ぶ人もいる。そうすることで、彼らはより簡単に買い物をしやすくなる。このようなサービスは、映画館や病院のような場所でも利用できるようになってきている。（訳は筆者）

託児サービスのあるショッピングセンターを選んでいます。

【質問2 イラストの展開説明】

■Now, please look at the picture and describe the situation. You have 20 seconds to prepare. Your story should begin with the sentence on the card. 〈20 seconds〉 Please begin. (出典：実用英語技能検定2級二次試験サンプル、2013年)

では、イラストを見て状況を説明してください。準備時間は20秒です。あなたのストーリーは、カードに書いてある文章から始めてください。（20秒）始めてください。

必ず、音読文とイラストの間に書かれている文章を音読することから説明を始めましょう。ポイントを押さえて、答えます。

1コマ目にはセリフがあるのでA said to B "○○" をきちんと面接官に伝えます。

2コマ目には2つの動作があるので、「一人は○○をしています。もう一人は○○を考えています」と伝えます。

3コマ目は、二人の動作ともう一人の動作（誰が何をして何を考え、もう一人はど

（出典：実用英語技能検定２級二次試験サンプル、2013年）

こで何をしているか）を、過去形で答えられるように練習しておきます。

○One day,the Sasaki family went to an art museum that offered childcare services. Mr.Sasaki said to his wife, “They’ll take care of our baby while we look around.” Ten minutes later, Mr.Sasaki was putting his bag into a locker. Mrs.Sasaki was looking forward to seeing the paintings with her husband. Two hours later at the gift shop, Mr.Sasaki was choosing a toy for their baby. Mrs. Sasaki was worried that their baby might be crying.（出典：実用英語技能検定２級二次試験サンプル、２０１３年）

　ある日、佐々木家は託児サービスのある美術館に出かけました。佐々木さんは「託児サービスの人たちは、私たちが美術鑑賞をしている間、子どもたちを見てくれる」と妻に言いました。それから10分後、佐々木さんはバッグをロッカーに入れ、妻は夫と一緒に絵画を見るのを楽しみにしていました。2時間後、ギフトショップで佐々木さんは赤ちゃんのためのおもちゃを選んでいましたが、妻は赤ちゃんが泣いていないか心配でした。

質問2の解答後、面接官から問題カードを裏返すよう指示があります。

■Now, Mr./Ms. —, please turn over the card and put it down.（出典：実用英語技能検定2級二次試験サンプル、2013年）

では、問題カードを伏せてください。

【質問3　受験者自身の意見を問う質問】

■Some people say that parents today give too much freedom to their children. What do you think about that?（出典：実用英語技能検定2級二次試験サンプル、2013年）

最近の親は、子どもに自由を与えすぎていると言う人がいます。それについてどう思いますか？

○I agree. These days, parents are not strict enough. As a result, children's manners are getting worse.（出典：実用英語技能検定2級二次試験サンプル、２０１３年）

私もそう思います。最近の親は、厳しさが足りません。その結果、子どもたちのマナーが悪くなっています。

○I disagree. I think many parents control their children too much. Children feel a lot of pressure from their parents.（出典：実用英語技能検定2級二次試験サンプル、２０１３年）

私はそうは思いません。多くの親は、子どもをコントロールしすぎていると思います。子どもは親から大きなプレッシャーを感じています。

【質問４　受験者自身の意見を問う質問】

■Today, many people buy secondhand goods such as used books and used clothing. Do you think more people will buy secondhand goods in the future?（出典：実用英語技能検定2級二次試験サンプル、２０１３年）

今日、多くの人が古本や古着などの中古品を購入しています。今後も中古品を買う人は増えると思いますか？

○Yes. → ■Why?
○People can save money by buying used goods. Also, I think secondhand stores will sell more kinds of things.（出典：実用英語技能検定2級二次試験サンプル、2013年）

人々は、中古品を買うことでお金を節約することができます。また、中古品店はより多くの種類のものを販売すると思います。

○No. → ■Why not?
○I think most people like to buy new things. They do not want things that other people have used.（出典：実用英語技能検定2級二次試験サンプル、2013年）

ほとんどの人は、新しいものを買うのが好きだと思います。ほかの人が使ったものをほしがりません。

そのほか、What do you think of ○○?と聞かれることもあります。自分の意見と理由を答えたあと、"Also,"で2つ目の理由を伝えましょう。自分の体験や経験だけではなく、一般的に筋の通った解答を用意します。肝心なのは聞き取れるということ。単語力も大切です。

最後に態度点を取得できるよう、意識してください。具体的には、無言にならず、日本語を話さず、英語を話そうとしている姿勢をきちんと見せましょう。やる気がない面を出さないように注意してください。聞き直しは、1回であれば問題ありません。答え方に戸惑ったときは、第4章の「態度点取得のための聞き返しフレーズ」（105ページ参照）を確認し、スムーズに聞けるよう反復練習しておきましょう。

単語の暗記は、『英検2級 文で覚える単熟語』を使って、準2級のときと同様の方法で行います。つまり、1週間で100個覚えるのであれば、毎日朝晩100語、翌日にまた同じ100語、理解できない単語はYouTubeで検索してイメージをつかむなど、視覚的に印象に残る方法を使って理解を深めましょう。

2級単語を毎日100語唱えることを習慣にします。覚えきれない単語については、イメージ確認とスペリング練習を習慣化したら、英語力はかなり安定してきます。

ステージ6（15〜17か月）

過去問題からリスニング、作文、単語の知識を増やす

ここからは、2級の過去問題を活用しながら、単語の知識を増やし、リスニングや英作文に取り組んでいきます。

【15か月目】『英検2級 文で覚える単熟語』で語彙力強化

『英検2級 文で覚える単熟語』で、英単語の発音をオンライン英会話の先生と練習します。これを1か月間、毎日行うことで、2級の題材や単語に慣れていきます。

時事問題は意識的にチェックしよう

2級になると、海外の資料を使った問題が多くなります。そのため、英語で情報を

調べて、説得力のある意見を言えるようになることが求められます。

特に、時事問題は意識的にチェックしましょう。2級〜準1級でSDGs（Sustainable Development Goals／持続可能な開発目標）やDiversity（多様性）などについて集中的に英語で学ぶと、世界の中の日本の立ち位置が自然と見えてきます。

日本でSDGsが目立って取り上げられるようになったのは最近ですが、英検では10年以上前から取り上げています。また、実名や実際の団体の名前を出しながら、論理的に問題提起をしています。

そのため、世界中のケーススタディを学び、リサーチすることで、生態系や地理についての知識も身につきます。英検の過去問題を学習することは、他教科の知識の底上げにも効果的というわけです。

まずは英語と日本語を対比させながら、時間をかけて内容を理解していきましょう。YouTubeで各単元について調べて、社会的に何が問題なのか、英語で知見を深めてください。

・UN Sustainable Development Goals-Overview
・17 Sustainable Development Goals

日本語版、英語版ともに、表にして目立つところに貼りましょう。17項目を日本語と英語で何度も音読し、知識として理解していくことが、2級における効果的な学習につながります。

【16か月目】リスニング原稿を音読＋単語と熟語のインプット

準2級と同じく、リスニングは約25分間。問題は30問で、内容は1回しか読まれません。準2級は大問が3つで選択肢も放送されましたが、2級では大問が2つで、1題につき問題文が長くなります。

本番では、2級リスニング問題の説明が日本語で流れている間、英文の選択肢を一度見ておくと、どんな内容が流れるか予想できます。練習のときから英文の選択肢を見ておきましょう。

リスニングの攻略と100語ずつ『英検2級 文で覚える単熟語』を覚える

リスニングは、英語の歌の覚え方と同じです。英語の発音は前後でつながって発音されます。

聞いてわからなかったものは、必ずスクリプトを見て音読し、英語特有の発音を覚えましょう。リスニング後、スクリプトを音読する習慣をつけ、CDと同じスピードで読めるようになっておくと、相乗効果で英語の理解力や単語力がつき、効率的に学習できます。

この1か月は、過去問題を解いて弱点を克服することを習慣化してください。オンライン英会話の先生にスクリプトのリンクをシェアし、担当を変えながら音読し合い、その問題について意見交換するのもよいでしょう。

準2級の単語を完全に習得できたら、『英検2級 文で覚える単熟語』で毎週100語ずつ発音しながら覚えていきます。

名詞（物の名前）と動詞（動作）が、2級では多く出るようです。優先的に発音しながら、1か月間英検ホームページ掲載の3回分に取り組みましょう。

【17か月目】英作文を練習する

物事を見たり聞いたりして得た知識なしに、文を書いたり、意見を伝えたりすることは、かなり難しいことです。ここまで英語学習を進めてきたお子さんには、さまざまな知識が蓄えられていることでしょう。

2級の作文で問われるポイントは、次の3つです。

①自分の意見とその理由を2つ書く。
②単語数の目安は80〜100語。
③社会的な問題について客観的な解答をする。

英作文を書く、その前に

最初の1か月間は、1つの作文の内容と音の構成を理解しましょう。これには音読が効果的です。何度も口に出すことで、英語のさまざまなフレーズを体に慣らしていきます。

英検ホームページに掲載されている過去問題から作文を抜き出し、オンライン英会話で音読のサポートをしてもらうと、理解や定着度合いが早まります。

ただし、練習せずにいきなり英会話の先生に音読を聞いてもらうのは、おすすめしません。まずは自分でDeepL翻訳に入力して英語の音を確認してから、音読の練習をお願いしましょう。また、わからない単語は事前に辞書で調べることも、忘れずに。

そのうえで、英会話の先生に披露するほうが、効率的な学習になります。音読を披露したときは、1つひとつ、単語の発音を確認してもらいましょう。

英作文のポイント　OREOについて

2級で求められる英作文の骨組みも、準2級同様にOREOです（109ページ参照）。準2級では、例まで書くと語数がオーバーしてしまいますが、2級からは理由2つのうちどちらかのみ For instance,を使って例を書くと、語数のおさまりがよくなります。

海外の子どもはこういう文章に慣れていますが、日本の子どもは慣れていない子が多いため、音で聞いて、口で言って、まずは体になじませます。

また、次の3つのポイントを意識して学習しましょう。

①考えを整理してから書き始める。
②何ワードで書いたかを数える。
③英会話の時間に音読して、ほかの作文のよい例、悪い例を把握する。

ミスしないよう、シンプルな表現だけを使います。また、同じ意味でも似た表現を使って練習しましょう（例：cheap = reasonable, expensive = overpriced）。

OREOの型を覚えてまとめのパターンに慣れ、この作文の型に理由を当てはめて解答できるようにします。これを意識するだけで、6〜7割とされる合格最低ラインをクリアすることができます。

慣れてきたら、オンライン英会話の先生に音読を聞いてもらいましょう。同時に、内容、構成、語彙、文法の各項目を4点と仮定し、合計16点中何点か採点してもらってもよいでしょう。

過去の問題例を見てみましょう（実用英語技能検定2級、2023年度第1回）。

●以下のTOPICについて、あなたの意見とその理由を2つ書きなさい。
●POINTSは理由を書く際の参考となる観点を示したものです。ただし、これら以外の観点から理由を書いてもかまいません。
●語数の目安は80語～100語です。
●解答は、解答用紙のB面にあるライティング解答欄に書きなさい。なお、解答欄の外に書かれたものは採点されません。
●解答がTOPICに示された問いの答えになっていない場合や、TOPICからずれていると判断された場合は、0点と採点されることがあります。TOPICの内容をよく読んでから答えてください。

TOPIC　Today, many buildings collect rainwater and then use it in various ways, such as giving water to plants. Do you think such buildings will become more common in the future?

POINTS　Cost, Emergency, Technology

（筆者訳）最近、多くの建物で雨水を集め、植物に水を与えるなど、さまざまに再利用している。このような建物は今後もっと一般的になると思いますか？

ポイントは、費用、緊急、科学技術。

まずは、準2級学習のときと同様に、4マスに分けて考えを整理してから書き始めましょう。

Opinion：I think ---. I have two reasons to support this opinion.

Reason1：First, ---.

Reason2 Example2：Second, ---. For instance, ----.

Opinion：It is a good idea to ------.

もうひとつ、過去の問題例を見てみましょう（実用英語技能検定2級、2023年度第2回）。

●以下のTOPICについて、あなたの意見とその理由を2つ書きなさい。
●POINTSは理由を書く際の参考となる観点を示したものです。ただし、これら以外

OREOの型での書き方

Opinion （こう思う）	雨水を貯蓄する建物は一般的になると思う。	Will be common in the future.
Reason1 （なぜ？①）	水道代を節約できる。 例：洗車、庭での利用。	Building owner can save cost. i.e. washing cars, growing plants.
Reason2 （なぜ？②）	災害時に役立つ。水道管が破損しても、雨水があれば安心。	Useful for disaster. Water pipes might be damaged.
Opinion （こう思う）	これら2つの理由から、雨水を集める建物は今後一般的になると思う。	I think building that collect rainwater will become more common in the future.

◎**解答例**（出典：実用英語技能検定２級（2023年度第１回））

I think such buildings will become more common in the future. First,by making use of rainwater, a building owner can reduce the cost of water used from the water supply. For example, rainwater can be used for washing cars and for growing plants in gardens. Second, collecting rainwater can be useful in times of disaster. Due to damage to water pipes, supplies of water are sometimes limited. In such cases, rainwater will help until normal conditions return. Therefore, I think buildings that collect rainwater will become more common in the future.

◎**訳**（筆者）

このような建物は、今後もっと一般的になると思う。まず、雨水を利用することで、ビルのオーナーは水道代を節約できる。たとえば雨水を洗車に使ったり、庭で植物を育てたりすることができる。次に、雨水を集めることは災害時にも役立つ。水道管の破損により、水の供給が制限されることがある。このような場合、通常の状態に戻るまで雨水が役に立つ。そのため、雨水を集める建物は今後もっと一般的になると思う。

の観点から理由を書いてもかまいません。

●語数の目安は80語~１００語です。

●解答は、解答用紙のB面にあるライティング解答欄に書きなさい。なお、解答欄の外に書かれたものは採点されません。

●解答がTOPICに示された問いの答えになっていない場合や、TOPICからずれていると判断された場合は、０点と採点されることがあります。TOPICの内容をよく読んでから答えてください。

TOPIC Today, some customers ask delivery companies to put packages by their doors instead of receiving them directly. Do you think this kind of service will become more common in the future?

POINTS Convenience, Damage, Security

（筆者訳）最近、宅配業者から直接荷物を受け取らず、玄関に荷物を置くよう依頼するお客さまもいる。今後、このようなサービスは一般的になっていくと思いますか？

ポイントは、利便性、損害、安全性。

OREOの型での書き方

Opinion （こう思う）	今後、このサービスは一般的になると思う。	This kind of service will become more common in the future.
Reason1 （なぜ？①）	顧客は時間や場所に縛られずに、荷物を受け取ることができる。留守にしていてもいい。到着時間を気にしなくてもいい。	Customers can receive packages anytime. No need to worry about delivery time.
Reason2 （なぜ？②）	配送業者の仕事が減る。留守でも再訪問不要、顧客と会わなくていい。	Easier for the delivery management. Drivers do not need to visit customers again.
Opinion （こう思う）	これら2つの理由から、このサービスは一般的になると思う。	This will be more common in the future.

◎**解答例**（出典：実用英語技能検定2級（2023年度第2回））

I think this kind of service will become more common in the future. First, customers can receive packages without being restricted by time and location. They do not have to be at home or worry about what time their packages arrive. Second, this kind of service can reduce the amount of delivery companies' work. Drivers do not need to visit customers again if they are not at home at the time of delivery. Therefore, I think delivery services that do not require customers and drivers to meet will become more common in the future.

◎訳（筆者）

このようなサービスは、今後もっと一般的になると思う。まず、顧客は時間や場所に縛られることなく荷物を受け取ることができる。自宅にいる必要もなく、荷物の到着時間を気にする必要もない。第二に、このようなサービスは配送業者の仕事量を減らすことができる。ドライバーは、配達時に顧客が不在の場合、再度訪問する必要がない。したがって、顧客とドライバーが顔を合わせる必要のない宅配サービスは、今後ますます一般的になっていくだろう。

ステージ7（18～21か月以降）

チャレンジ――過去問題の練習と受験

ここからは、2級の総仕上げに入ります。過去問題に何度も取り組むことで、出題傾向や答え方のパターンを習得し、合格するための力をつけていきましょう。

準2級のときと同様に、2級の過去問題3回分を英検ホームページから印刷します。順番に1か月かけて解き、復習をしましょう。

【18～20か月目】過去問題は復習に時間をかける

90分以内で解き、答え合わせをして、音読と意味調べの復習をします。

2級の問題には、仮定法（I wish you were here./Without your help, I could not have passed the test.）、関係詞（This is the town where I was born.）、比較表現

(more than, less than) などが出てきます。

子どもたちに文法用語を日本語で説明すると、混乱してしまいます。そのため、新しい表現が出てきたら答えを見て文章をそのまま音読し、それを覚えて表現できるようにしてください。わからない表現は英会話の先生に聞いたり、YouTubeでその表現を英語のまま入力して検索しましょう。

【21か月目以降】7割得点を目指す

7割の点数が取れるまで、繰り返し総復習をしましょう。1年以内に合格できるように努めます。なお、過去問題9回分をパターン学習するうちに、頻出表現に慣れていきます。5割の点数が取れたら、数か月後に受験日を設定して申し込みをし、その日までに7割取れるように練習しましょう。

準2級からの2級は、小学生でも約半年で合格できる子が多いです。

途中で英語学習が止まってしまったときの、リカバリー方法

スクリプトの音読を繰り返して、リスニング音声と同じスピードで言えるよう、何

度も真似る学習を繰り返していると思います。過去問題は全部で9回分、異なる内容で練習できますが、学習が単調で飽きてしまうこともあると思います。

そのような場合には、準2級のときに学習した教育系のYouTubeチャンネルや童話、童謡、絵本の読み聞かせなど、なるべく簡単な英語学習に戻りましょう。『プラダを着た悪魔』を流し観する、イギリスのロックバンド・クイーンの『We Will Rock You』など、元気な曲をリピート再生しておくだけでも構いません。

日本にいながら留学しているような生活環境を意識し、常に英語が耳に入ってくるような工夫を続けましょう。

リニューアルされる英検

準2級同様、2級もリニューアルされます。追加される内容は、英文記事を読んで45~55語で要約するリライト・概要説明が強化された、実践的なものになります。語彙問題と長文は、一部削減されるそうです。読んだ内容を自分の言葉で説明する作文力が試されます。

リーディングとライティングの試験時間は、変更ありません。リーディング記事を読んで段落ごとに自分の言葉で短く説明するリテル練習を、重ねていきましょう。

英検のホームページに掲載されている例題は、165ページを参照してください。

また、ホームページに掲載されている解答例や評価観点もあわせて確認しておきましょう。

◎問題文の訳（筆者）

大学に進学するとき実家で両親と暮らす人もいれば、アパートを借りて一人暮らしをする人もいる。ほかの選択肢もある。最近では、ルームメイトと家をシェアする人もいる。

その理由はなんだと思う？　数学や理科が得意で、宿題のアドバイスをしてくれるルームメイトを持つ学生もいる。ルームメイトに外国人がいて、日常会話を通じて外国語を学べる学生もいる。 そのおかげで、外国語能力を向上させることができる。

一方､夜遅くまでテレビを見ているルームメイトを持つ学生もいる。これはうるさく、ほかの人が十分な睡眠をとることを難しくする。掃除をほとんど手伝わないルームメイトを持つ学生もいる。その結果、掃除に多くの時間を割かなければならなくなる。

◎要約の書き方（筆者）

45 語～ 55 語での要約なので、短文で書かないとすぐに超えてしまいます。
書かれていることをなるべく短く表現する工夫と練習をしましょう。some..., There are..., would be, However などを使うのも効果的です。

◎解答例と訳（筆者）

Some university students start sharing a house with roommates.
There are both good and bad points.
Roommates would be helpful to support subjects you are not good at such as language, math and science.
However, having a noisy roommate who does not know how to clean the room would be a problem. (52words)

大学生の中にはルームメイトとシェアハウスを始める人もいる。良い面も悪い面もある。国語、数学、理科など苦手な教科をサポートしてくれるルームメイトは助かる。しかし、うるさくて掃除ができないルームメイトにあたり、問題となることもある。

要約の問題例

●以下の英文を読んで、その内容を英語で要約し、解答欄に記入しなさい。
●語数の目安は 45 語～ 55 語です。
●解答欄の外に書かれたものは採点されません。
●解答が英文の要約になっていないと判断された場合は、0点と採点されることがあります。英文をよく読んでから答えてください。

When students go to college, some decide to live at home with their parents, and others decide to rent an apartment by themselves. There are other choices, too. These days, some of them choose to share a house with roommates.

What are the reasons for this? Some students have a roommate who is good at math or science and can give advice about homework. Other students have a roommate from abroad and can learn about a foreign language through everyday conversations. Because of this, they have been able to improve their foreign language skills.

On the other hand, some students have a roommate who stays up late at night and watches TV. This can be noisy and make it difficult for others to get enough sleep. Some students have a roommate who rarely helps with cleaning the house. As a result, they have to spend a lot of time cleaning the house by themselves.

出典：https://www.eiken.or.jp/eiken/2024renewal/pdf/3_grade_2_w.pdf

第6章

英検®準1級を目指そう

ステージ8（25～27か月）

インプット──知識を積み重ねていこう

いよいよ、最終目標である準1級に向けての準備が始まります。ここまで本当によく頑張ってこられたと思います。最後のラストスパートも、気をゆるめずに取り組んでいきましょう。

なお、ステージ7で2級に合格したと仮定し、ステージ8は25か月目からスタートします。英語学習を始めて3年目になり、2級を突破した10歳以上の誰もが取り組める内容です。

学習方法は、2級に合格したときと同様の方法です。

『英検2級 文で覚える単熟語』を使って、2級で必要とされる単熟語を復習し、完全習得を目指しましょう。同時に、多聴の時間を550時間（3時間×6か月）確保します。

準2級から2級の準備期間は半年でしたが、2級から準1級を目指すときには1年を目安としてください。

というのも、身近な内容が多い2級に対し、準1級は社会性の高い話題が中心で、データや数字、ケーススタディや歴史的事実を踏まえたものが多く出題されるように思います。また、必要とされる単語数も2級の約4000〜6000語に対し、準1級は約7500〜9000語。およそ、3000語の上乗せが必要になると考えられます。

このように、全体的に難易度が上がるため、下準備に時間をかける必要があります。

準1級の基本3グッズ

まずは、基本となる3つのグッズを準備します。

①『英検準1級　文で覚える単熟語』

②過去問題10回分（直近3回分は英検ホームページから印刷し、7回分は購入）

③『ジャパンタイムズアルファ』https://alpha.japantimes.co.jp/

ページ登録をして、毎日トップ記事を読むようにしましょう。ほかの記事は鍵がかかっていて、会員にならないと読めません。毎日無料の1記事を継続して読み、わからない単語を記録することで、飛躍的に語彙力がつきます。

準1級の英語学習でしておきたい3つのこと

過去問題を中心に行います。そのうえで、さらに語彙力を伸ばすこと、**世の中で起こっている出来事が理解できる耳を養います。**

①単語

『英検2級 文で覚える単熟語』の総復習。YouTubeで「2級2000単語」を検索して総復習します。2倍速で9割以上覚えていることが確認できたら、『英検準1級 文で覚える単熟語』を導入。

②過去問題

過去問題演習で、準1級の勉強をスタート（英作文、リスニング、語彙力強化）。

③よく出る単元に即した内容をYouTubeや映画で鑑賞
週3本を目安に、児童労働や衛生問題など、国際的な視点で作られたドキュメンタリーを観ましょう。その際、自分の意見を書いたり言ったりできるように、インプットします。

準1級合格に向けての土台作りとなる半年間は、娯楽時間も英語での耳慣らしを重視します。そのため、**ディズニーや教育系の動画以外のドキュメンタリーを取り入れてみてください**。

たとえば、アメリカで人気の電気自動車テスラ（EV Tesla）やアーティスト（Taylor Swiftなど）について英語でYouTube検索したりするなど、日本以外の出来事を知るツールとしてYouTubeを利用しましょう。

ほかにも、モーツァルトやアインシュタインなど偉人の伝記の動画を視聴する（"biography for kids"と検索）、映画『トップガン』の製作ストーリーを観る（"Top Gun"と検索）など、お子さんが興味のある動画を視聴するのがおすすめです。

多聴のポイント

これまでもずいぶん多聴は実践してきていますが、準1級を目指すための多聴には、次の3つのポイントがあります。

①10~20分以内のスピーチやYouTube、ノンフィクション動画や社会派映画を視聴

準1級で大切になるのが、実際にいま世の中で起きている出来事を知ることです。具体的には、過去の産業や開発、医療や歴史、現在のサステナビリティ、ハイテク農業、多様性、絶滅危惧種、貧困問題、未来の宇宙開発など。各企業の背景や商品の背景に注目してください。ここでも、わからない言葉にとらわれず、英語音と英語字幕（あれば）で内容を理解するよう心がけてください。

次に挙げるトピックから、子どもが見てわかる内容を選んでもよいでしょう。

・経済、国際、衛生（economics, globalization, sanitation）
・文明、貧困、文化（civilization, poverty, culture）
・家庭、歴史、考古学、教育（family issues, history, archeology, education issues）

・インターネット、情報管理（internet, data protection）

②トピックを掘り下げ、リサーチする

動画や映画を観たあとで、そこで取り上げられていたトピックについて調べ、ノートに英語で書きためます。

たとえばTOYOTA、日本車、新幹線、各国の歴史などを調べながら、面接や作文に出てくるトピックを深く掘り下げてリサーチしてみてください。

また、グレタ・トゥーンベリ、スティーブ・ジョブズ、ビル・ゲイツ、ジェフ・ベゾス、スティーブン・スピルバーグなどの名スピーチの視聴もおすすめです。

③リスニング過去問題での対策

準1級の傾向を把握するため、英検のホームページに掲載されている過去問題を確認します。過去問題演習で7割前後の点数が取れるか、話している内容をなんとなく理解できるか様子を見てください。いまの実力を確認したあと8割、9割と得点できるようになることを目指していきます。

聞き取れなかった問題は、インプット期間の3か月でスクリプトを読みながらシャドーイングします。音源と同じスピードで英語を発音することで、リスニングは点取り問題の武器に変わっていきます。ここで、9割得点できるように意識をもって取り組むと、効果的です。

ドキュメンタリー映画のすすめ

事実をありのままに伝えてくれるドキュメンタリー映画。事件や人物にスポットを当て、実際に起きた歴史的事実の裏側を見せてくれるため、社会的な知見を広めるのにも役立ちます。メリットとしては、次の3つが挙げられます。

①さまざまな問題の背景を理解できる
②生きた英語と地理を身につけられる
③文章や文脈から英語を覚えられる

おすすめの映画を、次ページに挙げました。

なお、『ザ・クラウン』は、ネットフリックスのシリーズものですが、王室関連の単語は準1級によく出ますので、おすすめです。また、映画ではありませんが、『テッドトークス』は、端的に的を射たスピーチが多く、勉強になります。

・『アース：アメイジング・デイ』（Earth : One Amazing Day）
・『英国王のスピーチ』（The King's Speech）
・『おいしいコーヒーの真実』（Black Gold）
・『コンテイジョン』（Contagion）
・『ザ・クラウン』（The Crown）
・『フード・インク』（Food, inc.）
・『不都合な真実2　放置された地球』（An Inconvenient Sequel : Truth To Power）
・『ミリオン・マイルズ・アウェイ～遠き宇宙への旅路』（A Million Miles Away）
・『テッド　トークス』（TED Talks）

概念を学ぶということ

過去問題にチャレンジしてみて、半分くらいの点数が取れそうであれば、ぜひ試験に挑戦してみましょう。

繰り返しになりますが、準1級の学習で必要になるのは世の中で起きていることの概念、たとえば「少子高齢化」「世界の経済」などを理解することです。

ただ、小学生にとっては、かなり難しいテーマですよね。けれど、拒否反応を起こすことなく学んでいく方法がありますので、ご安心ください。

日本や世界で起こっている出来事を知らない子どもたちが、それらについて説明している英語を聞いたり読んだりしても、理解するのは難しいと思います。

そのため、"aging population for kids" など子ども向け説明動画を検索し、英語から入ってください。視聴しながら、はじめは誰かに誘導してもらうということを先に取り入れ、「準1級で求められる英語はこういう感じなんだ」という感覚をつかみましょう。

【25～27か月目】多聴＋調べる習慣をつける

2級までの学習で、基本的な英語力がついたと思います。ここからは、たとえばconfirmやverifyのように、欧米で使われている実践的な表現力をつけていきます。このとき大事なのが「英語で調べる」を習慣化することです。

では、どのように「英語で調べる」とよいのでしょうか。

たとえば、映画『ソーシャル・ネットワーク』を観た場合、そのあとにメタ社のユーザー数や商品について調べます（検索ワード例：How many users Meta has in the world? Meta product／メタのユーザー数、メタの商品）。SNSという表現は英語では使われないことを知ることも重要です。そのため、日本語字幕は映さずに英語字幕で視聴しましょう。

ほかには『おいしいコーヒーの真実』を観たあとは、コーヒー価格の推移について調べます（検索ワード例：Coffee price for 5 years／5年間のコーヒー価格）。

お子さんが自分で調べたことは、しっかり頭に残ります。そのため、映画などを観たあとは、必ず調べることを習慣づけてください。同時に、2級の単語の総復習をし、語彙を自分のものにしましょう。

この3か月間ですべきことは、よく出る単元と準1級の傾向を押さえることです。

過去問題は2部ずつ印刷して用意し、書き込み用と何度も解く用に分けてファイリング。毎週1題解いて、傾向をつかみましょう。

初回に解いたあとは、深く理解できるまでYouTubeで検索して視聴します。また、受験までに過去問題を10種類×3回以上解いて、必ず6割5分以上得点できるようにしましょう。

そのほか、語彙力強化のため、『英検準1級 文で覚える単熟語』の同じ範囲を毎日100語ずつ朝晩音読×7日間行います。過去問題で出てくる知らない概念はYouTubeでリサーチ視聴し、週に3本映画を視聴します。**過去問題は深くしつこく、単語帳は浅く広く、の学習です。**

なお、リーディングや単語帳で語彙を増やす学習だけの場合、理解も定着も遅くなります。そのため、必ず「単語」「過去問題」「リサーチ」を習慣的に行ってください。

ステージ9（28〜31か月）

アウトプット――作文練習でトピックと語彙を増やす

準1級では、約7500〜9000語が必要とされるようです。これまで学んできたのは約4000〜6000語のため、かなり増えるのは事実です。ただ、面接や作文練習をする中で語彙は増えてきていますので、あまり心配しなくても大丈夫です。

語彙を増やすためには、英会話の先生と学んだことについて話すなど、繰り返すことで、各トピック・語彙を頭に刷り込ませてください。

環境問題や歴史問題など、映画の視聴や面接対策後に単熟語を単語帳で学習すると、ずっと理解が深まり、過去問題もやりやすくなります。

英作文の攻略

準1級では、デジタル関連や環境問題などについて聞かれることがあります。内容も難しくなりますが、30分で120〜150語書くことが求められるため、最初はなかなか書くことができないお子さんもいるでしょう。けれど、OREOの型に沿って書いていけば、大丈夫です。作文の要件は、次のようになっています。


［要件1］与えられたトピックに関して、自分の意見（賛否など）を書く。

［要件2］与えられた4つのポイントのうち、2つを用いる。

［要件3］序論（Introduction）、本論（Main body）、結論（Conclusion）の構成で書く。

［要件4］語数の目安は120〜150語。


テンプレートを使うと、スムーズに書き進めることができます。なお、どの試験でも作文で重視されるのは、①内容、②構成、③語彙、④文法です。流れに則って書く

作文の定型文

【主張】

賛成意見：I think that ～.　私は～だと思います。

反対意見：I do not think that ～.　私は～だとは思いません。

【理由①】

First of all, ～.　１つ目の理由は～。

【理由②】

Second of all, ～.　２つ目の理由は～。

【再主張】

賛成意見：According to the reasons stated above, I think that ～.
上で述べた理由から、私は～だと思います。

反対意見：According to the reasons stated above, I do not think that ～.
上で述べた理由から、私は～だとは思いません。

こと、論理に破綻がないこと、誤字脱字がないことに気をつけましょう。

まず、確認するのは「私はそう思う、そう思わない」＋理由という流れから文章が始まっているか。そして、最後のまとめが序文と合っているかどうか。自分の意見をしっかり伝えているかを、チェックします。

過去問題の答えを見ながら、そのレベルの作文が書けるようになることを意識して、日頃から気になった事柄は必ず調べる癖をつけておきましょう。3回分を練習するだけでも、かなり書けるようになります。

まずは、テンプレートに沿って1題を

完成させるよう、コツコツと練習を続けます。最後に、必ず語数を数えて記すことを意識してください。

最初は、なかなか思うように書けないと思います。そのため、2題ほど練習してみるといいでしょう。

やり方は簡単です。先に解答例を3回音読して、書き方を理解します。イントロ、説明、結論の書き方を理解したら、よい表現を真似して自分の言葉に置き換えて書いてみましょう。すると、3回目は初見でも書けるようになっていると思います。

簡単な表現で書き直すだけでも主張として筋が通っている作文であれば、8割は得点できます。リサーチ、リライト、3回音読し、語数を忘れずに記載しましょう。

作文のテーマはさまざま

過去の問題例を見てみましょう（実用英語技能検定準1級、2023年度第1回）。

●Write an essay on the given TOPIC.
●Use TWO of the POINTS below to support your answer.
●Structure : introduction, main body, and conclusion

●Suggested length : 120-150 words

●Write your essay in the space provided on Side B of your answer sheet.
Any writing outside the space will not be graded.

TOPIC　Should businesses provide more online services?

POINTS　・Convenience　・Cost　・Jobs　・The environment

（筆者訳）

与えられたテーマについて小論文を書きなさい。
次のポイントのうち、２つを使って答えなさい。
構成：序論、本文、結論
長さの目安：１２０～１５０語
解答用紙Ｂ面の空欄に記入してください。
欄外に書いたものは、採点されません。
トピック：企業は、もっとオンラインサービスを提供すべきか？
ポイント：利便性、価格、仕事、環境

◎解答例（出典：実用英語技能検定準１級（2023 年度第１回））

In today's fast-paced digital world, I believe businesses should provide more online services. The benefits of doing so are related to convenience and cost.

Firstly, providing more online services leads to increased convenience. For instance, online customer support provides people with the means to contact businesses whenever they have queries. This can be particularly beneficial for busy people or international customers who live in different time zones.

Additionally, online services can be cost-effective for businesses. With the rise of e-commerce, moving to online digital platforms can reduce expenses and streamline operations. Selling products online, for example, can help businesses cut utility bills. Companies can also reach a wider audience and increase profits without constructing more physical stores.

In conclusion, businesses should provide more online services, as this will not only allow them to enhance customers' experiences but also reduce operating costs.

◎訳（筆者）

今日のめまぐるしいデジタルの世界では、利便性とコスト面から企業はより多くのオンラインサービスを提供すべきだと思う。

まず、より多くのオンラインサービスを提供することは、利便性の向上につながる。たとえば、オンラインカスタマーサポートは、人々が疑問があるときにいつでも企業に問い合わせる手段を提供する。これは特に便利で、多忙な人々や、異なるタイムゾーンに住む外国人顧客にとって特に有益である。

さらに、オンラインサービスは企業にとって費用対効果が高い。e コマースの台頭により、オンライン・デジタル・プラットフォームに移行することで、経費を削減し、業務を合理化することができる。たとえば、製品をオンラインで販売することで、企業は光熱費を節約できる。また、実店舗を増やさなくても、より多くの消費者にリーチし利益を増やすことができる。

結論として、企業はより多くのオンラインサービスを提供すべきである。顧客の体験を向上させるだけでなく、運営コストの削減にもつながるからである。

OREOの型での書き方

Opinion (こう思う)	企業は、より多くのオンラインサービスを提供すべきだ。	Business should provide more online services.
Reason1 (なぜ？①) **Example1** (例①)	便利。いつでも問い合わせることができ、海外からでも確認できる。	Anytime anywhere the customers can reach out to the services.
Reason2 (なぜ？②) **Example2** (例②)	経済的。オンライン販売は実店舗を減らせて光熱費節約につながるし、より多くの顧客にリーチすることができる。	Cost effective and marketing effective.
Opinion (こう思う)	オンラインサービスをもっと提供するべき。	Business should provide more online services.

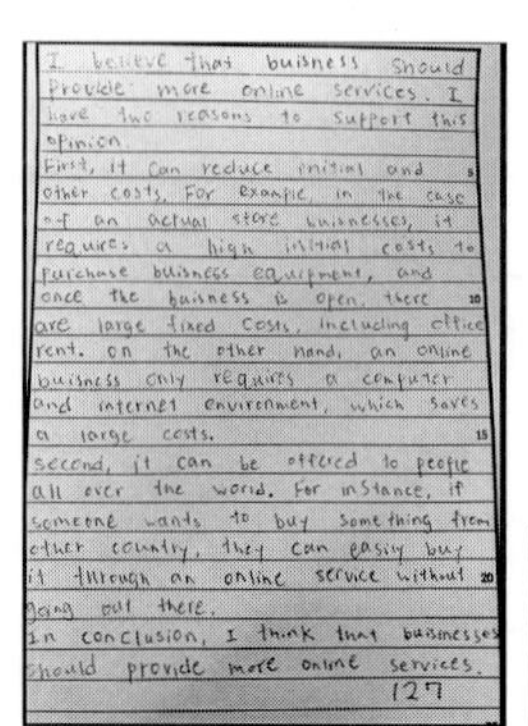

I believe that buisness should provide more online services. I have two reasons to support this opinion.
First, it can reduce initial and other costs. For example, in the case of an actual store buisnesses, it requires a high initial costs to purchase buisness equipment, and once the buisness is open, there are large fixed costs, including office rent. On the other hand, an online buisness only requires a computer and internet environment, which saves a large costs.
Second, it can be offered to people all over the world. For instance, if someone wants to buy something from other country, they can easily buy it through an online service without going out there.
In conclusion, I think that buisnesses should provide more online services.
127

Grammar
- Countries
- a xxx cost
- xxx costs

Equipment & furniture = uncountable noun,
well done!

Grade:
Content 4/4
Structure 4/4
Vocabulary 3/4
Grammar 2/4
13/16

4. English Composition - Write your English Composition in the space below

I belive businesses should provide more online services. I have two reasons to support this opinion. First, using online services would make it extremely easier for custumers and stores to tell messages to each other. Which is really helpful for both seller and buyer. For example, when a costumer needs to talk to the employees, they could send store an email or a message from the store's web page instead of going to the store. Second, on online, it is much easier to store a lots of datas at once. For example, store moneger or employees that have to keep track of the store's income, budget, and etc can use a high-prograrammed conputer to keep the data and keep it safe at the sametime. This takes a lot less time than writing on a paper every single time. In conclusion, I think that businesses should provide more online services. (150)

Spelling
- customers
- programmed
- computer

Grammar
---,which
- a lot of
- lots of
- data(no 's')
- managers
- send an email to the store

Grade:
Content 4/4
Structure 4/4
Vocabulary 3/4
Grammar 0/4
11/16

2023年に準1級に合格した11歳と14歳の作文例

まずは、これまでの学習と同様に、4マスに分けて考えを整理してから書き始めます。

上記の写真は、準1級に合格した子どもの作文例です。参考書などに掲載されている解答例は完成形のため、「ここまで書けない」と感じる子どもが多いようです。ただ、上の作文例をご覧いただくと、子どもらしく自由に書いているのがおわかりになると思います。ハードルを下げて、まずはやってみましょう。

リニューアルされる英検

準1級では英文記事を読んで60~70語で要約するリライト・概要説明が強化された実践的な内容が追加されるようです。語彙問題と長文は、一部削減されます。

今後は、これまで以上に読んだ内容を自分の言葉で説明する作文力が試されます。リーディング記事を読んで、段落ごとに自分の言葉で短く説明するリテル練習の数をこなしていきましょう。

ライティングでは、これまでの「意見論述」に加え、「要約問題」が出題されます。英検のホームページに掲載された出題例から、どう解答を書けばいいか考えていきましょう（188〜189ページ参照）。

ハードルが高いと感じる場合は、事前に次の順番で整理をしましょう。

①本書の解答例を参照後、英検ホームページに掲載されている解答例も音読して、理解を深める。

②類義語辞典（thesaurus.comなど）で、類語検索をしてから書き始める（give, provide, offerなど）。

◎問題文の訳（筆者）

1980年代から2000年代初頭にかけて、イギリスの多くの国立美術館は入場料を徴収していた。しかし、新たに選出された政府は芸術を支持した。美術館に財政援助を行い、入場料を取りやめるという画期的な政策を導入したのだ。

その結果、多くの国立美術館に無料で入場できるようになり、重要なメリットを持つようになった。学歴や収入に関係なく、美術館の膨大なコレクションにふれ、国の文化的歴史を学ぶ機会を得ることができるのだ。調査によると、無料化された国立美術館の来館者はこの政策導入後に平均70%増加したが、批評家たちはこの政策が完全に成功したとは言えないと主張した。この増加のほとんどは、同じ人が何度も美術館を訪れたことによるものだという。さらに、入場料を徴収している一部の独立系美術館は、この政策が悪影響を与えたと述べている。来館者が減少したのは、料金を払うのを避けるために国立美術館を訪れる人が増えたためで、独立系美術館は財政的に苦境に立たされたからだ。

◎要約のコツ（筆者）

60語から70語で要約するため、詳細を省き、短文で書かなければすぐに語数を超えてしまいます。ultimatelyや moreover, however, additionallyを使って、短文で意見をまとめられるよう、練習をしましょう。DeepL翻訳は作文できるパレットになっているので、まずは日本語で要約してから英語に要約する練習を何度かネット上で試してみるのも、よい練習です。

◎解答例と訳（筆者）

In the early 2000s, the British government implemented a new policy of supporting the arts, providing financial support to many national museums and eliminated admission fees.
Consequently, attendance rate increased by 70%. However, some critics say the attendance improvement was by repeated same visitors and the policy led the financial crisis for independent museums because more people visited the free national museums.（62 words）

2000年代初頭、英国政府は芸術を支援する新しい政策を実施し、多くの美術館に財政支援を行い、入場料を廃止した。その結果、入場者数は70%増加した。しかし、入場者数の増加は同じ来館者の繰り返しによるものであり、この政策により、無料の国立美術館を訪れる人が増えたため、独立系美術館の財政危機を招いたという批判もある。

要約の問題例

●Instructions: Read the article below and summarize it in your own words as far as possible in English.
●Suggested length: 60-70 words.
●Write your summary in the space provided on your answer sheet. Any writing outside the space will not be graded.

From the 1980s to the early 2000s, many national museums in Britain were charging their visitors entrance fees. The newly elected government, however, was supportive of the arts. It introduced a landmark policy to provide financial aid to museums so that they would drop their entrance fees. As a result, entrance to many national museums, including the Natural History Museum, became free of charge.

Supporters of the policy said that as it would widen access to national museums, it would have significant benefits. People, regardless of their education or income, would have the opportunity to experience the large collections of artworks in museums and learn about the country's cultural history.

Although surveys indicated that visitors to national museums that became free increased by an average of 70 percent after the policy's introduction, critics claimed the policy was not completely successful. This increase, they say, mostly consisted of the same people visiting museums many times. Additionally, some independent museums with entrance fees said the policy negatively affected them. Their visitor numbers decreased because people were visiting national museums to avoid paying fees, causing the independent museums to struggle financially.

出典：https://www.eiken.or.jp/eiken/2024renewal/pdf/2_grade_p1_w.pdf

【28～30か月目】さらなるインプット
――リーディングの攻略と過去問題で実践練習

過去問題に取り組む前に、準1級の傾向を押さえておきましょう。

おすすめしている解き方は、リーディングの大問1はあまり時間をかけずに進めます。解答時間の目安は25分。1ページに7～9問ある問題を5分前後で取り組み、解説に進むという流れで行います。

小学生には、概念として知らないトピックが多いと思います。そのため、過去問題は何度も3R（Retell, Research, Read aloud 120ページ参照）で深掘りしましょう。これをやらずにただ単語の意味を覚えても、理解は深まらず、真の実力にはなりません。

大問1の解き方

大問1は、短文の中の空いている箇所に語句を補充する問題です。例を191ページに挙げていますが、こういった問題が25問出題されます。ここで問われるのは、

1	**To complete each item, choose the best word or phrase from among the four choices. Then, on your answer sheet, find the number of the question and mark your answer.**
(1)	Layla found the workouts in the advanced class too (　), so she decided to change to an easier class. **1** subtle　**2** contrary　**3** strenuous　**4** cautious
(2)	The tax accountant asked the woman to (　) all her financial records over the past year. He needed to see them before he could begin preparing her tax forms. **1** punctuate　**2** compile　**3** bleach　**4** obsess
(3)	Emilio discovered a small leak in one of the water pipes in his house. To be safe, he turned off the (　) to stop the water until he knew exactly what the problem was. **1** depot　**2** canal　**3** valve　**4** panel
(4)	A：How long have you and Linda been (　), Bill? B：Oh, we've known each other for at least 10 years, maybe longer. **1** acquainted　**2** discharged　**3** emphasized　**4** subdued
(5)	Our local community center usually has one main room, but when necessary, we can close the (　) and create two smaller rooms. **1** estimation　**2** partition　**3** assumption　**4** notion
(6)	Tyler's father suggested that he get some foreign (　) from his local bank before his vacation because changing money abroad is often more expensive. **1** tactic　**2** bait　**3** currency　**4** menace

出典：実用英語技能検定準1級（2023年度第2回）

「単熟語を知っているか?」です。心がけたいのは、次の4つです。

①時間をかけない(1ページ5分前後)。
②過去問題演習で語彙を増やす。
③答えの単語と例文だけ理解する。
④一気に4択選択肢内の単語まで理解しようとしない。

4つの選択肢から2つまで絞れたけれど、そこから絞れない……そういうときは、勘です。身もふたもないのですが、大問1はスピーディに進めることが肝心なので、流すことも大事になってきます。

大問2の解き方

大問2では、長文の中の空いている箇所に言葉を補充する問題が6問出ます。ここでは次の4つのポイントを頭に入れて、進めていきます。1問あたり2分、全6問12分以内での解答を目標にします。

2 **Read each passage and choose the best word or phrase from among the four choices for each blank. Then, on your answer sheet, find the number of the question and mark your answer.**

① **The Documentary Boom**

②

In recent years, the growth of TV streaming services has created a huge new market for documentaries. The number of documentaries being made has skyrocketed, providing welcome new opportunities for filmmakers, but there are also negative aspects. One issue is that many filmmakers feel they are (**26**). Some documentaries have attracted huge audiences and brought tremendous financial returns, so companies that operate streaming services have become more generous with their production budgets. With so much money involved, the intense pressure often makes filmmakers feel as though they have no choice but to alter the stories they tell to give them greater commercial appeal.

④

This has led to concerns regarding the (**27**) documentaries. While documentaries used to be considered a form of investigative journalism, there has been a noticeable shift in their subject matter. As the popularity of genres such as true crime has increased, the line between factual information and entertainment has become blurred. Documentaries, which were once devoted to informing viewers and raising awareness of problems in society, are too frequently becoming sensationalist entertainment designed primarily to shock or excite viewers.

Another worrying trend for filmmakers is the rise of celebrity documentaries. In the past, filmmakers generally followed the journalistic tradition of not paying ordinary subjects of documentaries for fear that doing so would encourage people to exaggerate or tell outright lies. Famous people, such as musicians, however, are now paid millions of dollars for their stories — often because such stars are guaranteed to attract viewers. (**28**), noncelebrities are also starting to demand compensation, which is creating a moral dilemma for filmmakers.

(26) **1** still being ignored **2** not being paid enough **3** losing control over content **4** in need of large budgets

③

(27) **1** way people interpret **2** people who appear in **3** growing costs of creating **4** decreasing social value of

(28) **1** Above all **2** Understandably **3** In contrast **4** Nevertheless

出典：実用英語技能検定準1級（2023年度第2回）

＊囲み、丸数字、矢印は筆者。

①タイトルを読み内容を推測。
②本文を上から読み、空欄のある英文の、次の英文まで読む。
③選択肢を読み、正解だと思うものに丸をつけ、マークシートを塗る。
④本文を続きから読み、②～③を繰り返す。

該当箇所を、過去問題に書き込んでいます（実用英語技能検定準1級、2023年度第2回。＊囲み、丸数字、矢印は筆者）。

子どもたちには、この問題を取り扱った授業のあとには必ず、トピックに関するYouTubeをリサーチ検索して復習するように伝えています。また、文章内にあるキーワードについてはわかりやすい形で紹介し、宿題として3回音読するように伝えています。

大問3の解き方

大問3は読解問題で、説明文や評論文が出題される傾向にあります。こちらは段落ごとに文中に答えがあるので、段落ごとの意味を理解すれば、答えは割と探しやすくなっています。

1問目の答えは、必ず最初の段落のどこかに書かれています。同様に、2問目の答えは2段落目の中、3問目の答えは3段落目の中に書かれています。そして、選択肢は本文内容の言い換えになっています。

ここでは次の4つのポイントを頭に入れて、進めていきます。1問あたり2分、全3問のため、合計で6分以内の解答が目標です。最初はわからなくても、必ず説明が文章の中に書いてあるので、（　）の前後を探しながら解いていきましょう。

大問1、2同様、具体的な流れは、2023年度第2回の過去問題を例に挙げています（実用英語技能検定準1級、2023年度第2回。*囲み、丸数字、○-○は筆者）。

①タイトルを読み、内容を推測する。
②設問について、次の手順で解く。
（2-1）最初の質問文を読み、質問内容を把握する。

（2-2）質問文の答えを探しながら、最初の段落を上から読む。

（2-3）質問文の答えになりそうな箇所を見つけたら線を引き、選択肢を読み比べ、

②

2-1

2-3

(35) **What do we learn about people's reactions to Oppy?**

1 People immediately supported Oppy because they were interested in any new discoveries about Mars.

2 People found it difficult to relate to Oppy because little effort had been made to inform them about the significance of its mission.

3 People soon lost interest in Oppy's mission because the information Oppy sent back to Earth was too technical for nonscientists to understand.

4 People felt such an emotional connection to Oppy that they expressed sympathy for it when it stopped operating.

③

3-1

3-3

(36) **According to the second paragraph, it seems likely that making Oppy appear more human was**

1 a strategy designed to increase overall support for NASA's activities and to help it receive more money.

2 based on experiments in which children showed an increased interest in robots that looked like humans.

3 done because psychologists suggested that the strategy would make the engineers work harder to complete it on time.

4 the result of government pressure on NASA to make its designs more likely to be used in toys.

④

4-1

4-3

(37) **According to the passage, what is a potential problem with anthropomorphism?**

1 It can make people rely on machines to perform tasks that would be cheaper for humans to do themselves.

2 It can make people mistakenly assume that AI and machines do not need any guidance to perform tasks correctly.

3 The belief that AI and machines act in a similar way to humans can cause people to misunderstand what they are able to do.

4 The relationships scientists form with AI can cause them to prioritize its development over the needs of humans.

出典：実用英語技能検定準1級（2023年度第2回）

＊丸数字、○-○、囲みは筆者。

3

① **Machine or Human?**

2-2

In 2004, NASA's exploration rover Opportunity landed on Mars. The golf-cart-sized rover, which was nicknamed "Oppy," was sent to survey the planet and capture images of its surface. Oppy's mission was supposed to last 90 days, but the rover continued to beam pictures and data back to Earth for the next 15 years. During that time, it captured the public's imagination. In fact, people became so attached to Oppy that when it ceased to function, they sent messages of condolence over social media similar to those intended for a deceased person.

3-2

The act of giving human traits to nonhuman things, which is known as anthropomorphism, is something humans do naturally, even at a young age. It is not unusual, for example, for people of all ages to form emotional attachments to objects such as toys, cars, and homes. Even the engineers, who frequently referred to Oppy as "she" or thought of it as a child, were not immune to this tendency. One effect of projecting human qualities onto a nonliving object seems to be that this makes people feel protective of it and brings out concern for its well-being. NASA appears to have utilized this phenomenon to its advantage by deliberately making Oppy seem more human, designing it with eyelike camera lenses in a headlike structure that extended from its body. Prior to the Opportunity mission, well-publicized failures had weakened public confidence in NASA, and the agency's funding had been reduced. It has been suggested that giving Oppy human characteristics was an effective strategy to win over the public and perhaps even attract additional funding for NASA's mission.

4-2

While thinking of Oppy as a human may seem harmless, there can be unfortunate consequences to anthropomorphizing objects. Assuming AI works in the same way as the human brain, for example, may lead to unrealistic expectations of its capabilities, causing it to be used in situations where it is unable to provide significant benefits. Anthropomorphism can also make people apprehensive of nightmare scenarios, such as AI and machines rising up in rebellion against humans. This idea of machines as a threat arises from the misunderstanding that they reason in the same way as humans do. It appears, however, that people cannot help themselves from anthropomorphizing. As journalist Scott Simon writes, "if you spend a lot of time with a mechanism —— talk to it, wait to hear from it and worry about it —— even scientists begin to see personality in machinery."

出典：実用英語技能検定準１級（2023 年度第２回）

＊丸数字、○-○、囲みは筆者。

正解と思うものに○をつける（選択肢の言い換えに注意）。

③2問目の設問について、同様の手順で解く（3－1〜3－3）。

④最後の設問についても、同様の手順で解く（4－1〜4－3）。

＊いずれも見つけた答えの箇所に線を引いて、マークシートを塗る。

なお、NASAとOPPYについては検索して上がってくるYouTubeを視聴して、知識を深めましょう。

【31か月目以降】過去問題を5割得点できたら、7割に目標を引き上げる

ずいぶん準備が整ってきたと思います。ここからは、過去問題を繰り返し解いていきます。5割の得点を目指して進め、達成できたら受験しましょう。7割取れるようになったら、合格も間近という時期に差しかかっています。

ステージ10（32か月以降）

さらなるアウトプット――自分の意見を明確に伝える

2級と準1級の面接では、何が違うのでしょうか。違いを見ていきましょう。

【32か月目以降】面接練習

まず2級では、3枚のイラストが題材になりますが、準1級の場合は4枚のイラストになります。

2級では最初に音読がありましたが、準1級にはありません。そのかわりに「イラストの中でどんな出来事が起こっているか、イラストを見ていない人に説明する」というナレーションの課題が与えられます。

ナレーション後は、たとえば4枚目を見て「もし、この人があなたのお父さんだったら、あなたはどうしますか?」という問いや、時事問題について4つの質問を受けます。

このとき、短すぎず、長すぎず、適度な長さで明確に自分の意見を伝えられるように練習をしておく必要があります。拍数の置き方や聞き返し表現などについては、第4章の準2級面接準備と同じです。

過去問題を使って10回以上繰り返し練習すると、どんな質問がきてもナレーションやOREO解答ができるようになります。面接の流れは次の通りです。

ナレーション　イラスト4枚の展開説明
質問1　イラスト内の登場人物の気持ちに関する質問
質問2　イラストに関連した質問
質問3　イラストの題材に関する質問
質問4　社会性のある内容に関する質問

覚えておきたいナレーションと質問1のポイント

意識したいポイントは次の5つです。

①ナレーションをスタートする前に与えられる1分間の準備時間に、「いつ、どこで、誰が、どうした。誰が、誰に、何を言った。その人は何を思った」を言えるようにカード内容を把握する。
②ゆっくりはっきり大きな声で、ナレーターやアナウンサー風に相手に読み伝える。
③1つにつき30秒、事前練習で2分の感覚を身につける。
④多くのイラストは、登場人物が新たな問題に直面する描写。起承転結のあるナレーションを意識する。
⑤ナレーション直後の質問1はイラスト内のいずれかについて、What would you be thinking?（もし、あなたがこの人だったらどう考えますか?）という登場人物を代弁する質問が多いです。I would be thinkingから解答し、登場人物の立場に立って、いま何が問題でどう解決するか、を表現しましょう。

面接は練習で慣れて、勘どころをつかむ

まずイラストを1分見て、細部を描写したナレーションを2分行います（■＝面接官、○＝受験者）。二次試験のサンプル問題（質疑応答を含む）を例に見ていきましょう（実用英語技能検定準1級二次試験サンプル、2013年）。

過去には、ハイブリッドカーや遺伝子組み換え食品、都会暮らし、ボランティア活動などさまざまなトピックが出題されています。いろいろなカードで練習することで、1分間で内容を把握し、英語で2分間のナレーションをするコツがつかめます。ナレーションし終わると、面接官がこのように聞いてきます。

【質問1】

■ Please look at the fourth picture. If you were the woman, what would you be thinking?（出典：実用英語技能検定準1級二次試験サンプル、2013年）

4枚目のイラストを見てください。あなたがその女性だったら、どんなことを考え

準1級二次試験サンプル問題

Sample

You have **one minute** to prepare.
This is a story about a woman who wanted to stop people from smoking on the street.
You have **two minutes** to narrate the story.
Your story should begin with the following sentence:
One day, a woman was on her way to work.

出典：実用英語技能検定準1級二次試験サンプル（2013年）
https://www.eiken.or.jp/eiken/exam/virtual/grade_p1/pdf/grade_p1.pdf

◎訳

準備時間は1分。これは、路上喫煙を止めさせようとした女性の話です。あなたには2分間、このイラストのストーリーを展開してナレーションする時間があります。物語は次の文から始めてください。「ある日、女性は通勤途中に〇〇」。（筆者）

Model Narration

One day, a woman was on her way to work. As she was walking from the station, a man in front of her was smoking. He accidentally burned her jacket with his cigarette. The next week, the woman took part in a campaign to stop people from smoking on the street. The campaigners were asking people walking by to sign a petition to support their cause, and some people were happy to do so. Six months later, the woman was pleased to see that some workmen were making a special smoking area near the station. Also, a sign had been put up to warn people that if they smoked while walking on the street, they would be fined 1,000 yen. A few days later, however, the woman walked past the smoking area and saw a lot of smoke coming from it. Some other people walking by were coughing.

出典：実用英語技能検定準1級二次試験サンプル（2013年）
https://www.eiken.or.jp/eiken/exam/virtual/grade_p1/pdf/grade_p1.pdf

◎訳

ある日、女性は通勤途中に駅を歩いていたら、歩きタバコをした男性が誤って彼女の上着を燃やしてしまった。翌週、その女性は路上喫煙をやめさせるキャンペーンに参加して、ほかの参加者たちとともに通りすがりの人たちに署名を求めた。

署名を集めた半年後、その女性は、何人かの作業員たちが特別な喫煙所を駅の近くに作っているのを見て喜んだ。そこには歩きタバコには罰金1000円という注意書きがあった。ところが数日後、その女性が喫煙所の前を通りかかると、通りかかった人たちが咳をするほど、大勢の人が喫煙所で喫煙していた。　（筆者）

ますか。

○I'd be thinking, "Our campaign hasn't solved the problem. It might be better to ban smoking in all public places. Maybe I should speak to the campaign organizers again."（出典：実用英語技能検定準1級二次試験サンプル、2013年）

私たちのキャンペーンは問題を解決していない。公共の場での喫煙をすべて禁止したほうがいいかもしれない。キャンペーン主催者にもう一度話してみよう。

■Now, Mr./Ms. —, please turn over the card and put it down.（出典：実用英語技能検定準1級二次試験サンプル、2013年）

では、○○さん、カードを裏返して置いてください。

【質問2】

■Should more be done to warn children about the dangers of smoking?（出典：実用英語技能検定準1級二次試験サンプル、2013年）

子どもたちに、喫煙の危険性をもっと警告すべきだと思いますか？

○I think so. Many people start smoking when they are young because their friends keep encouraging them to try it. But it's important to tell them that smoking can cause cancer.（出典：実用英語技能検定準1級二次試験サンプル、2013年）

そう思います。多くの人が若いときにタバコを吸い始めるのは、友人たちが勧めるからです。そうではなく、喫煙はがんの原因になると伝えることのほうが大事だと思います。

【質問3】

■Do you think that the crime rate in Japan will increase in the future?（出典：実用英語技能検定準1級二次試験サンプル、2013年）

日本の犯罪率は今後上がると思いますか？

○No. People are well aware of the dangers of crime, and they are involved in efforts such as volunteer patrols to prevent it. These measures should help keep the crime rate down.（出典：実用英語技能検定準1級二次試験サンプル、2013年）

いいえ、思いません。人々は犯罪の危険性をよく認識しており、犯罪防止のためにボランティア・パトロールなどをしています。このような対策によって犯罪率は下がると思います。

【質問4】

■Do you think that public opinion can influence decisions made by the government?（出典：実用英語技能検定準1級二次試験サンプル、２０１３年）

世論は政府の決定に影響を与えることができると思いますか？

○Yes. The government needs the support of the public to get re-elected, so if enough people protest against something, the government has no choice but to listen.（出典：実用英語技能検定準1級二次試験サンプル、２０１３年）

はい。政府は再選されるために国民の支持を必要としているので、世論で反対が起きた場合は頑なに実行するのではなく、聞くべきだと思います。

覚えておきたい質問2～4と時事問題解答のポイント

ＯＲＥＯを使って4項目に分けて事前整理してから書き始めた作文練習が、ここで生きてきます。

①"Yes, I think so."か"No, I don't think so."か、明確に答える

質問文を、肯定文か否定文で繰り返す。話しながら、冷静に考える時間を確保する。

②はっきりゆっくり発音し、カジュアルな表現ではないことをアピールする

つい言ってしまいがちな~ likeやkind of~にも気をつけます。

③簡単な2~3文で、首尾一貫した解答パターンを練習で作る

典型的な解答でなくても、筋が通った解答をしましょう。If~で仮説を伝えたり、for instance, such asで例を伝えたりして、1問につき2文以上で説得力のある解答を心がけます。

④自分の意見を述べる

質問4は、日々時事問題に目を通していないと、答えるのが難しいと思います。たとえば移民問題や少子化問題、税金問題や教育についてなど。準1級でよく出そうなトピックを総おさらいするだけでなく、ニュースでホットなトピックについて自分の意見を述べる練習をしておきましょう。

⑤準1級レベルの単語を意識的に使えるように、『英検準1級 文で覚える単熟語』を総復習

例：sustainability, ultimately, reflectなど。

面接官からの質問に答えるためには「自分の意見をとっさに伝える力」が必要です。使えるフレーズをメモして、練習から何度も言って慣らして、応用力を鍛えましょう。

面接練習のはじめの5回までは、ＯＲＥＯの型を利用したライティングで意見を整理してから話す練習をします。慣れてきた6回目ころから、メモなしで解答する練習を段階的にするといいでしょう。

準1級に合格したら

今後、進みたい就職先や進学先に必要な英語レベルを確認しましょう。ＴＯＥＦＬやＴＯＥＩＣ、ＩＥＬＴＳで点数を示す必要がある場合、準1級合格後は点数を出しやすい傾向にあります。計画的に目標点数を手にしていきましょう。

準1級プラスαの英語力が必要な際、英語でのリサーチや作文、英会話などは引き

続き継続します。

準1級の問題集を繰り返し解いて満点を目指す、ケーススタディや論文を英語で書くために調べる、アメリカのエクステンションプログラムや海外のオンライン大学でMBAに挑戦する、などもいいでしょう。

ぜひ、日常的に英語にふれる生活を続けてください。

ツールを味方に確かな英語力を

準1級プラスαの英語を学習している方たちには、次の2つのツールをおすすめします。

なお、「Grammarly」はメンバー登録をしてパソコンに入れておくと、文法や言いまわしで多くの気づきを得ることができます。「OWL Purdue APA」も便利なので、活用してみてください。

・Grammarly

DeepL翻訳でコピーした文を貼り付け、90点以上得点できるように微調整。

Plagiarism（盗作）がないか、徹底的に確認します。盗作を疑われると信用が下がるので、注意してください。

・OWL Purdue APA

作文の引用文を、APAスタイル（アメリカ教育機関指定のスタイル）に自動的に整理。

おわりに

最後までお読みくださり、ありがとうございました。

英語耳を鍛えるインプットと英検取得でアウトプットをしていく英語学習は、いかがでしたか。

アウトプット練習が先行している日本の英語教育において、インプットを強化することは遠回りに感じるかもしれません。ですが、実は近道です。少しでもできそうと思えるものがあったら、ぜひ取り入れてみてください。

子どもの準1級クラスを担当したことを通じて、幼少期に英語耳と語彙力と基本文法を強化しているかどうかで英語力に差が出ることを、実感しました。

現地校では、幼少期までに基礎の語彙やフォニックス、サイトワード、短編物語朗読やリテルを完了します。親御さんの海外駐在によって、英語を学んだことのない子どもが突然海外で学校生活を送るのは、かなり過酷です。

家族での大移動に大きな不安と確認作業が強いられる駐在家庭では、アイデンティティの確立に苦しむ子もいます。試験などで英語を使わないで進学、就職したものの、30代になってから英語を生かすことを考える人もいます。

英語が必要になるタイミングは、いつ訪れるかわかりません。だからこそ、時間に余裕がある幼少期から小学校4年生までに、動画コンテンツを利用してなるべく早く英語時間バンクを貯めて、英語力証明のチケットを取得しましょう。

日本語にはない英語の音が聞こえる、言えるように3000時間の英語インプット時間を貯めるのは、どこに住んでいたとしてもおすすめできる学習方法です。

英検挑戦をプロジェクトにして必要項目を細分化すると、「こんなに時間がかかるの？」と思われがちです。しかし、お金をかけずとも少しずつ時間をかけて習慣化することで幼少期から、またはいつからでも隙間時間で英語を習得することができます。

英語は、スタートが早ければ早いほど、ユニークな視点で説得力のある作文を書くことができたり、面接での受け答えができるようになると、子どもたちの指導を通じて感じます。

レベルの高い課題を子どもたちに投げかけることで、彼らは柔軟な対応力を育んでいきます。たとえば、雇用や政策など、大人でも難しい問題についても、英語で考えを整理して意見を作っていく過程は、社会的視野を広げるいい機会になります。

準1級にかかわらず、どの級でも合格した子どもたちが、その後大きな自信を持ったり、自己肯定感が高まったりする様を何度も見てきました。

英語の学習を通して得られるのは、語学力だけではありません。自分自身の成長を感じることができる、多様な価値観にふれられる、人生に自信が持てるなど、得られるものがとても大きいと感じます。

突然英語を聞くのは大変ですし、慣れないうちはしんどい思いもするかもしれません。でも、毎日コツコツ続けてみてください。少しずつ続けていくうちに、聞き取れる、楽しくなる、もっとやりたくなる……一人でも多くの人に英語を楽しんで、そして人生の可能性を広げていただけるとうれしいです。

2024年2月

望月南都美

小学生で英検® 準１級合格！

子どもの英語学習法

2024年3月30日　初版発行

著者　　望月南都美
発行者　菅沼博道
発行所　株式会社 ＣＣＣメディアハウス
〒141-8205 東京都品川区上大崎3丁目1番1号
電話　販売 049-293-9553
　　　編集 03-5436-5735
http://books.cccmh.co.jp

編集協力　岡田光津子
協　力　　NPO法人 企画のたまご屋さん

装丁　高瀬はるか
装画　加納徳博
校正　株式会社 文字工房燦光
印刷・製本　株式会社 新藤慶昌堂

ISBN 978-4-484-21217-3